*CIÊNCIAS SOCIAIS
NA ESCOLA*

MARÍA TERESA NIDELCOFF

# CIÊNCIAS SOCIAIS NA ESCOLA

*PARA ALUNOS*
*DE 12 A 16 ANOS*

*Tradução*
*Déborah Jimenez*

**editora brasiliense**

*Copyright* © by María Tereza Nidelcoff, 1987
Título original: Actividades para el aprendizage de las Ciencias
Sociales. Para alumnos de 12 a 16 años.
*Copyright* © *da tradução:* Editora Brasiliense S. A.

Nenhuma parte desta publicação pode ser gravada,
armazenada em sistemas eletrônicos, fotocopiada,
reproduzida por meios mecânicos ou outros quaisquer
sem autorização prévia do editora.

ISBN: 85-11-11032-1
6ª edição, 1995
1ª reimpressão, 2004

*Revisão: Mário R. Q. Moraes e Antonio C. M. Genz*

**Dados Internacionais de Catalogação na Publicação (CIP)**
**(Câmara Brasileira do Livro, SP, Brasil)**

Nidelcoff, María Teresa
   Ciências sociais na escola : para alunos de 12 a 16 anos / María Teresa
Nidelcoff ; tradução Débora Jimenez.. – São Paulo : Brasiliense, 2004.

   Título original : Actividades para el aprendizage de las ciencias
sociales : para alunnos de 12 a 16 años
   1ª reimpr. da 6ª. ed. de 1995.
   Bibliografia.
   ISBN 85-11-11032-1

   1. Estudos sociais - Estudo e ensino  I. Título.

04-2848                                                CDD-300.7

**Índices para catálogo sistemático:**
1. Estudos sociais : Estudo e ensino   300.7

**editora brasiliense s.a.**
Rua Airi, 22 – Tatuapé – CEP 03310-010 – São Paulo – SP
Fone/Fax: (0xx11) 6198-1488
E-mail: brasilienseedit@uol.com.br
www.editorabrasiliense.com.br

**livraria brasiliense s.a.**
Rua Emília Marengo, 216 – Tatuapé – CEP 03336-000 – São Paulo – SP
Fone/Fax (0xx11) 6675-0188

# Índice

Introdução ................................. 7
O que ocorre com os professores? ............... 9
Uma didática que surja de nós mesmos .......... 16
Uma didática ativa .......................... 25
Que atividades selecionar? ................... 35
Atividades: interpretação de testemunhos ........ 47
Atividades: o estudo da História partindo da realidade mais imediata ...................... 72
Atividades relacionadas com o meio ............ 89
Atividades: à procura do autoconhecimento e da auto-expressão ........................ 102
Atividades: escrevendo "livros" coletivos ......... 113
Atividades: a poesia nas aulas de Ciências Sociais .. 122
Atividades para promover a participação ......... 144
Atividades finais para os mais novos ............ 159
Atividade: monografias ...................... 168

# Introdução

Este livro foi escrito como uma contribuição à difusão do uso de metodologias ativas no ensino das Ciências Sociais. Propõe uma série de experiências realizadas nesse sentido, não com a pretensão de que sejam modelos, porém como uma forma de estimular a imaginação e a criatividade dos companheiros professores que as lerem.

Está centralizado no período dos 12 aos 16 anos, etapa que marca o início do estudo formal das Ciências Sociais, a cargo de um docente especializado, e se dirige àqueles que trabalham nas classes populares e se interessam pela proposta de construir "uma escola para o povo".

# O que ocorre
# com os professores?

Não é habitual, em uma proposta didática, tomar como base a situação dos professores encarregados de desenvolvê-la e efetivá-la. Porém, neste caso se faz necessário partir deste ponto, porque se considera, como um dos fundamentos deste trabalho, que a busca de um ensino criativo e participativo dos alunos envolve a criatividade e participação do professor. Não podemos manter o entusiasmo e a imaginação em cada curso se nos sentimos confusos a respeito de nosso papel e nossas possibilidades reais dentro do sistema educacional, constantemente ameaçados pela crítica de nossa situação. Efetivamente, poucas instituições são e têm sido tão criticadas em nossa época como a escola, do ponto de vista de seus métodos e, ultimamente, frente à realidade do fracasso escolar. Do mesmo modo, poucos profissionais têm recebido tantas críticas como os nossos — professores de ensino primário e médio.* Deixamos de ser considerados "apóstolos" e figuras paternais ou maternais para nos convertermos em pessoas que parecem fazer tudo errado,

---

(*) Na tradução mantivemos a nomenclatura espanhola. Ensino primário (*enseñanza primaria*) corresponde no Brasil ao 1º grau, 1ª a 4ª séries, e ensino médio (*enseñanza media*) corresponde ao 1º grau, 5ª a 8ª séries. (N. T.)

haja vista os artigos de imprensa, comentários dos pais e estudos que são realizados. Por isso cabe formular-se a pergunta que dá nome a este capítulo: O que ocorre, realmente, com os professores?

Refletindo sobre a situação dos que trabalham em meios populares e com adolescentes e pré-adolescentes, constatamos situações que podem esclarecer na procura de respostas à pergunta formulada:

1) freqüentemente não conhecemos, ou pelo menos não a fundo, o ambiente em que trabalhamos, sua cultura, sua linguagem, seus valores, os recursos do meio. Acorremos a nossas aulas, mas como não convivemos no mesmo bairro, somente conhecemos os alunos enquanto alunos, e os pais enquanto pais que vêm para entrevistar-se conosco. O tempo restante, tratamos com pessoas que falam de forma diferente, que têm outros problemas e outros interesses.

Como conseqüência disso, muitas vezes sentimos que esse meio nos é estranho e, pior ainda, que não nos agrada. Isto é mais freqüente quando nossos alunos não são mais meninos, uma vez que estes despertam em nós, mais facilmente, ternura e encanto. Porém, com relação aos adolescentes, quantas vezes ouvimos, na sala dos professores, críticas a sua linguagem, seus modos grosseiros, sua maneira de ponderar, chocante para nós; e os achamos muito mais autoritários do que gostaríamos que fossem e até mesmo nos decepcionamos com seu machismo ou apatia.

Quanto a seu nível, tendemos a compará-los com falsos modelos, com os quais nenhuma comparação é válida do ponto de vista social, cultural e histórico: nossos filhos, outros jovens de nosso meio, nós mesmos quando tínhamos sua idade.

Pior de tudo é que os garotos captam as diferenças e também não gostam de nós. Sentem a distância e a indiferença. Isto foi claramente expresso por um rapaz que se queixava da forma de ser de uma professora; tendo sido dito a ele que essa professora geralmente tratava bem seus alunos, ele respondeu: "Claro, nos trata bem porque é muito fina. Mas quando você está lendo e ela diz: 'Não é assim...', você percebe bem que o que ela está pensando é: 'Como você é estúpido...'";

2) a sociedade e às vezes até mesmo o próprio professor não compreendem a natureza das profundas modificações operadas no sistema educacional, que de elitista passou a ser de massas. É comum ouvirmos comentários de que os alunos antes chegavam ao 2º grau muito melhor preparados, sem ponderar que antes chegava a esse nível uma minoria escolhida, e que agora uma grande massa atinge o 2º grau. Isto é colocado de tal maneira que nós, professores, interpretamos que agora ensinamos pior que antes, quando em verdade o que ocorre é que antes nos concentrávamos em um pequeno número, e agora estamos dispersos em mais atividades e exigências; além disso, estamos trabalhando com alunos que o velho sistema descartava. Com essas críticas estamos respondendo pelas conseqüências da ampliação das escolas às classes populares, ampliação que foi feita sem dotá-las dos recursos necessários para enfrentar a nova situação.

Isto é particularmente evidente no ensino médio, onde se vive a desorientação de um sistema que tinha a missão de formar para a universidade e que agora não se sabe bem para onde caminha. O sistema foi ampliado com o mesmo modelo, considerando que o que era bom para poucos seria bom para muitos. Hoje o fracasso é grande e as soluções não são tão fáceis, visto que não as encontramos. Nós, dos setores progressistas da docência, temos criticado o sistema atual, porque classifica os alunos em idade precoce fazendo-os escolher em um momento em que não estão suficientemente maduros para isso. Defendemos soluções abertas, que não estreitem cedo demais os caminhos nem congelem as opções. Contudo, isto, que pressuporia um ciclo comum amplo, é uma solução cara. A idéia de uma escola comum para todos é bela, porém, cara, porque se não se dispõe de funções de apoio e de um pessoal auxiliar que permita aos alunos menos favorecidos recuperar seus atrasos, principalmente a nível de conhecimento instrumental, a escola continuará ajustada aos que já tinham tradicionalmente acesso a ela, reforçando o fracasso dos setores aos quais se pretende abrir. Fazendo um trocadilho, podemos dizer que muito desorienta aos professores a desorientação geral. Nós, professores de institutos profissionalizantes ou escolas de bairro, vivemos isto com mais intensidade, uma vez que trabalhamos diretamente com os alunos que enfrentam tais dificuldades;

3) deixando de lado essas colocações mais gerais e voltando o olhar para nós mesmos, tão criticados e autocriticados, vemos que somos, simplesmente, como os demais homens e mulheres de nossa época, submetidos às mesmas pressões e ao mesmo *stress*. Porém somos especialmente criticados não só pelo fato de que nossa missão é considerada mais delicada, mas porque estamos mais expostos, como num cenário, observados por oitenta olhos de um público que não escolheu o espetáculo que vai ver;

4) além disso, nosso trabalho põe em evidência uma série de contradições da sociedade. Elena Soriano diz em seu belo e intenso livro *Testimonio materno*: "O que é, então, 'bom' para os jovens de hoje e mesmo para os de amanhã? Não sabemos, não sabemos *o que fazer*, a desorientação e a incerteza é o maior peso que nós, adultos, carregamos hoje. Pouco ou quase nada está dando certo com nossos filhos. Por quê? Porque nem eles nem nós mesmos temos uma filosofia de vida".[1]

---

(1) Soriano, Elena, *Testimonio materno*, Madri, Plaza y Janés Editores, 1985, p. 78.

Efetivamente, nós, professores, enquanto adultos de nossa sociedade, participamos do desconcerto da crise de valores, e nos pedem ainda que sejamos lúcidos orientadores. Numa sociedade que massifica e vulgariza, nos pedem que sejamos criativos; que ensinemos a viver em liberdade, quando nossa própria liberdade é devorada e esmagada pela servidão e pelas pressões que nascem de estruturas que não foram concebidas a serviço e na medida das necessidades do homem.

Por outro lado, enquanto nos dizem para sermos criativos e educadores livres, o que realmente esperam de nós, frente a esses milhares de jovens com os quais a sociedade não sabe o que fazer, para os quais não há emprego nem recursos para se formarem?... Enquanto nos dizem belas palavras, às vezes sentimos e entendemos que o que realmente esperam de nós é que sejamos uma creche de adolescentes, uma espécie de polícia mais meiga, que os controle enquanto esperam não se sabe o quê. Também esperam que sejamos bons técnicos, preparadores de trabalhadores eficientes e módernos... Neste ponto tomamos consciência de que uma verdadeira educação liberadora tem que ser encarada por nossa conta e contra a correnteza. Contudo, para sermos educadores em circunstâncias adversas, contra a correnteza da submissão e da apatia, deveríamos ter a força que nasce da utopia, quando na verdade também nós estamos sendo engolidos pela vida cotidiana e seu duro pragmatismo. Por isso, é comum que acabemos optando por ser transmissores, mais ou menos capazes, de informação e abandonemos (por o sentirmos acima de nossas possibilidades) o título de educadores.

Na mesma linha de contradições, podemos acrescentar que é uma profissão que demanda de nós uma grande solidariedade como valor pessoal, em meio a uma sociedade individualista do "salve-se quem puder". Uma profissão centralizada na comunicação, de pessoa para pessoa, numa sociedade que nos isola em pequenos círculos de amigos e nos bombardeia com estereótipos que em nada favorecem a expressão autêntica do nosso "eu".

Como, em contrapartida, não somos capazes de nos organizar nem de nos apoiar entre nós mesmos para avançar e criar coisas novas, essa solidão nos leva ao abatimento e ao sentimento de impotência;

5) em nossa profissão, nota-se muito o peso dos anos... Passamos pelas mesmas etapas e pelos mesmos avatares que as demais pessoas, mas a passagem do tempo e da vida se nota mais em nosso trabalho. Ainda assim, se fomenta o estereótipo da professora jovem e meiga com os pequenos ou o professor dinâmico e "pra frente" do colegial. Outra contradição: é uma profissão terrivelmente desgastante mas que exige mais disposição e alegria que qualquer outra.

Frente a isso, constatamos que recebemos muita informação sobre como se supõe que são nossos alunos em cada etapa evolutiva e sobre o que devemos fazer ou como atuar, mas escassa formação que espelhe a nós mesmos. Trabalhamos com o mais profundo de nossa personalidade e deveríamos nos conhecer, saber como somos, como isso interfere ou fecunda nossa atuação, como nos desgastamos e como repomos energia, de que devemos nos cuidar e o que podemos potencializar;

6) outro aspecto a ser considerado é que poucos profissionais têm uma linha divisória tão clara entre o trabalhador de base e a crítica que opina do lado de fora, de cima e de longe (técnicos, pedagogos de universidade, políticos). Isso nos torna céticos quanto a suas soluções, mas também nos leva à frustração de sentir que fazemos tudo errado e que "não damos uma dentro".

Vinculado a isto está o assunto de nossa atualização. Seja por falta de entusiasmo, por nossa insegurança com respeito ao que somos capazes de fazer e ao que valemos, ou pela insuficiência de nossos recursos, o caso é que tendemos a reivindicar que nossa atualização seja função do Estado. Sem abandonar essa posição, creio que devemos ter maior participação a fim de que caminhemos para onde realmente queiramos ir, para que nos organizemos a partir de nossa verdadeira realidade. Esta é a importância de nossas próprias associações e sindicatos, a importância de nos agruparmos e intercambiarmos experiências.

# Uma didática que surja de nós mesmos

Frente à situação descrita na questão anterior, podem nos ocorrer diversas formas de saída. A que me vem à mente é que nós, professores, comecemos a atuar com maior participação no processo educativo e iniciemos a criação de uma didática que surja de nós mesmos, que nos tire do processo de despersonalização em que nos encontramos e, acima de tudo, possa começar a ser aplicada agora, sem esperar que as coisas mudem para que possamos mudar. Assim como as velhas virtudes se opunham aos velhos pecados capitais, poderíamos formular alguns pares de opostos, como: contra a rotina, sermos criativos; contra os anos e a tentação do cansaço, nos mantermos vivos, novos e curiosos; contra o predomínio da tecnologia como única proposta de mudança, uma didática fundada na comunicação e no encontro entre duas pessoas ou um grupo delas; contra as receitas, inventarmos nós mesmos, de acordo com o que somos, já que não podemos criar interesses com o que não nos interessa, nem nos alegrarmos com o que não nos alegra; criarmos nós mesmos e valorizarmos muito o intercâmbio de experiências, ou seja, contra o individualismo franco-atirador solitário, a solidariedade e o intercâmbio dos *maquis*.

Para esta didática, proponho algumas linhas gerais que configuram um marco de referência para a organização de nossas aulas de Ciências Sociais, para melhor selecionar as atividades e valorizar os conteúdos.

Nossa praxe leva implícita uma concepção de sociedade e das relações humanas que se faz notar por ação ou por omissão. Explicitar essas idéias, que de qualquer maneira darão o colorido a nossa ação, é um ato de clareza para conosco, que deve ser acompanhado de uma atitude honrosa de respeito ao aluno e da criação de um ambiente que torne possível a pluralidade. Estas são as linhas gerais propostas:

1) antes de mais nada, nós, professores, somos pessoas, temos que nos resgatar como tal, alimentar nosso fogo, viver plenamente, explorar nossas possibilidades, ser plenamente seres vivos. Somente um ser vivo pode ser um professor desperto. Portanto, não nos deixemos engolir pela burocracia ou ritos da profissão, nem pela apatia dos companheiros nem pelos manuais que nos préfabricam as respostas. Devemos nos abrir a múltiplos interesses: uma didática amena e viva se baseia numa personalidade rica, com variados interesses humanos e intelectuais;

2) valorizar a comunicação e seus componentes afetivos, centrar nela nosso trabalho: eu e eles, eles e eu. Não nos temos deparado com inúmeros casos de alunos que fracassavam com todos os professores e que, de repente, nos assombraram tendo bons resultados com um, com quem haviam estabelecido uma relação calorosa e comunicativa?... Isso não implica negar a importância dos meios e instrumentos de trabalho, mas significa valorizar também, pelo menos tanto quanto a estes, uma atitude franca, tolerante e calorosa. Se alguma coisa — um método, uma forma de avaliação — está sendo obstáculo em nossa relação com os alunos, deve ser deixada de lado. Aprender a ver e a escutar os garotos. Buscar a

comunicação individual quando for possível, não organizar tudo partindo da relação com o grupo, corrigir seus trabalhos individualmente, ensiná-los a trabalhar. Quando as autoridades educacionais nos enchem a sala com uma multidão de meninos, é porque continuam confundindo o professor com o conferencista (que, além do mais, deve cuidar do comportamento de seu "público");

3) gostar dos alunos, querer vê-los felizes. Isto é uma utopia? É terrível pensar na resistência que essa frase despertaria em muitos membros de muitas congregações. Mas se não somos capazes de gostar deles... o que estamos fazendo entre eles? Método algum pode ser eficaz quando existe aversão do professor em relação ao aluno, que acaba sendo necessariamente mútuo.

Esta carência de afeto é particularmente manifesta no ensino secundário, uma vez que a relação com os adolescentes exige mais desgaste e é menos gratificante que a relação com as crianças;

4) ser plenamente conscientes de que vivemos numa sociedade com profundos conflitos de classes, com situações cotidianas de injustiça social, de impotência frente aos privilégios de alguns. Nós, trabalhadores do ensino de escolas cujos alunos pertencem precisamente a esses setores mais desfavorecidos, para os quais não se estende ainda a tão célebre "igualdade de oportunidades", não somos nem podemos ser neutros, e devemos começar por esclarecer para nós mesmos de que lado estamos. Devemos perceber como nossas atitudes, as atitudes que ajudamos a desenvolver, a forma de organizar nosso trabalho e os conhecimentos que selecionamos ajudam a manter a ignorância, o acatamento e a derrota ou ajudam a formar indivíduos despertos, informados, críticos e com a sã rebeldia que pode alimentar a vontade de mudar as coisas. Não é este o momento para nos determos neste assunto que, a propósito, já foi desenvol-

CIÊNCIAS SOCIAIS NA ESCOLA 19

vido em outro trabalho.[2] Está claro que não será de dentro das escolas que sairão as reformas sociais necessárias para resolver as situações de injustiça. Aqui somente se trata de saber qual é o nosso papel e junto a quem queremos estar. O fato é que o pequeno papel que exercemos nos processos de tomada de consciência dos povos tem sido bem compreendido pelas ditaduras que vêm tomando o cuidado de suprimir qualquer experiência que possa parecer perigosa;

5) nossa didática em Ciências Sociais também não tem por que ficar à margem da luta pela paz, pela defesa do meio ambiente e pela justiça social. Creio que não se pode pretender ser neutro nesses temas. Às vezes tomamos partido por omissão, por exemplo: quando tomamos por princípio que as coisas estão como devem estar e calamos sobre o fato de haver milhares de pessoas que não estão conformes com elas e que estão lutando para mudá-las.

Temos que abrir nossa aula para a discussão do tema sobre a paz: o que é, o que atenta contra ela, como se constrói. Aqui não é válida somente uma colocação espiritualista da paz "na sala de aula". Isto só é válido se os alunos são também conscientes das causas das guerras, das injustiças de ordem internacional, da problemática do armamentismo.

O mesmo ocorre com respeito à preservação do meio ambiente. Trata-se de que aprendam a cuidar do que é pequeno, seu próprio ambiente, mas que também conheçam as reivindicações dos ecologistas, os grandes problemas de destruição do meio ambiente e suas causas. Aqui deveríamos ressaltar que não podemos formar uma consciência ecológica se não procurarmos criar condições para deixá-los à vontade em um ambiente em que pos-

(2) Nidelcoff; María Tereza, *Uma escola para o povo*, São Paulo, Brasiliense.

sam se desenvolver, se expressar e trabalhar de forma relaxada. Isto nada tem em comum com uma sala de aula de nível secundário, superlotada, com as paredes nuas, como se não houvesse o que nelas expressar, que os alunos vivenciam como uma prisão da qual querem escapar, com um ritmo de trabalho neurotizante.

No tocante à justiça, ajudá-los a tomar consciência do justo e do injusto, na vida cotidiana da escola, mas, além disso, não lhes escamotear a discussão dos temas importantes: a divisão dos bens e das oportunidades, as relações internacionais, a política nacional.

Para formar esse senso de justiça no que se refere ao cotidiano, temos que começar por admitir amplamente a crítica ao nosso trabalho por parte dos alunos, dar-lhes explicações sobre nossa maneira de proceder e retificá-las, quando necessário, admitindo ante eles que o estamos fazendo. Procurar uma maneira para que sejam expressas queixas. Por exemplo: dá bom resultado reservar um canto da sala para que eles exponham publicamente suas críticas e que, em assembléias periódicas de classe, possam discuti-las, analisá-las e solucioná-las na medida do possível;

6) devemos ser sensíveis à problemática da mulher e estar atentos para introduzi-la em classe: descobrir a situação da mulher nas diferentes épocas que estudamos; impulsionar o debate sobre a questão; não repetir em classe os estereótipos de condutas consideradas "próprias da mulher", como arrumar a sala de aula, varrer, costurar; ajudá-los a descobrir em seus próprios livros, nas revistas que lêem e na publicidade, a imagem da mulher que se transmite e se reitera; estimular nas meninas a ocupação de espaços a elas vedados e a que não se deixem subestimar;

7) proponho que outro tema orientador de nossa didática seja o dos direitos humanos, com um compromisso solidário pela defesa da dignidade do homem em

qualquer regime. Isto se ajusta plenamente às responsabilidades de nossa área, as Ciências Sociais. É importante que os alunos conheçam as principais declarações de direitos (humanos, da criança, etc.); que façam suas próprias declarações; que vejam e pratiquem a inter-relação dever-direito; que procurem criticamente na imprensa, em seu bairro, em seu colégio, na vida cotidiana os casos de não cumprimento desses direitos e que na sala de aula possam expressá-lo e discuti-lo; que se comece a criar na classe um clima de "direito";

8) ter uma constante atitude de inquietação em fomentar a criatividade. Às vezes estamos dispostos, quando muito, a tolerá-la, e esperamos que os alunos nos façam propostas criativas, mas estas não surgem com facilidade, seja porque os alunos estão por demais acostumados ao hábito da dependência e da repetição, seja porque não imaginam que, na realidade, numa sala de aula há espaço para quase tudo, se assim o desejarmos. É nosso papel, portanto, dar-lhes pistas, fazer-lhes propostas, abrir-lhes trilhas para que possam começar a caminhar. Introduzi-los nos diversos meios possíveis de expressão. É lamentável ver, como no ensino secundário, circunscrever-se tudo à expressão escrita e oral, deixando de lado a cor, a imagem, a mímica, os fantoches, a música, etc.

Falar em criatividade não implica menosprezar as atividades de reforço, indispensáveis à aquisição de técnicas e procedimentos. Como conseguir um equilíbrio entre criatividade e disciplina? Em torno desta questão deveríamos organizar nosso trabalho;

9) valorizar de forma suficiente o aspecto lúdico: parece que, em nosso afã de que os alunos descubram e analisem a realidade, enfatizamos exclusivamente o que é sério, os aspectos duros e criticáveis, e não valorizamos suficientemente o prazeroso, o agradável, o divertido, o

lúdico, como parte dos temas ou parte da relação em classe e dos mil e um incidentes que nela ocorrem.

Neste sentido, deveríamos ter o cuidado de que a História das estruturas não seja encarada por nós mesmos como algo frio e desafeiçoado, sem vida, um *prêt-a-porter* que não é de ninguém. Também devemos nos resguardar do afã de explicar o porquê de tudo, dando-lhes por ansiedade ou falta de tempo as respostas prontas, respostas estas que eles aceitam mas que seriam incapazes de descobrir por si mesmos. Talvez explicando-lhes menos, porém possibilitando-lhes a descoberta de que a História é algo vivo e interessante, eles cheguem a querer averiguar os porquês por conta própria. Introduzir relatos históricos, aspectos interessantes das biografias dos protagonistas, quadras e "fofocas" populares, dados sobre a vida familiar e cotidiana, enfim, tudo aquilo que os faça ter sempre presente que estão estudando vidas humanas, como as suas, em outras épocas, outras paisagens ou culturas.

Aqui, tal como fiz anteriormente, cabe recordar que tornar o trabalho agradável não implica o menosprezo do esforço que devemos empenhar nele, assim como em todo aprendizado, especialmente nas idades a que nos vimos referindo;

10) ter sempre em mente que a escola não pode se limitar ao descobrimento do que está fora de nós — o país, o meio, a classe, etc. —, mas que também deve assumir o descobrimento de si mesmo, do próprio corpo, das próprias sensações, dos próprios pensamentos, afetos e questionamentos. Apesar de a área de Ciências Sociais se enquadrar principalmente dentro do primeiro ("o que está fora"), não devemos nos esquecer de que somos seres históricos e que o modo de ver e valorizar o corpo, o nu, o prazer, o lícito, tem se alterado através do tempo, de forma que ambos os aspectos não se separam incisivamente e sempre temos oportunidade de incluir mo-

mentos desta busca dentro de nossa área. Um exemplo é o tema da sexualidade, no qual tão difícil seria separar o psicológico do ético-cultural, quando ela passa a ser um possível tema para nossa matéria. Por outro lado, me parece imprescindível reivindicar em nosso tempo espaços livres para serem preenchidos com interesses dos alunos, espaços para a comunicação e expressão de si mesmos, lembrando sempre que se trata de pessoas, não de cérebros;

11) criar um ambiente sereno e de respeito no qual possa aflorar e desenvolver-se a pluralidade dentro da classe. Para isto, teremos que nos precaver contra nossa tendência (por formação, por rotina) às diversas formas de autoritarismo duro, moderado ou "progressista". Como integrantes da classe, temos o direito de expressar nossas idéias dentro dela, mas de maneira tal que os alunos entendam que elas não são mais do que isso: as idéias do professor, que não pretende que eles as assumam, mas, sim, que saibam trilhar com autonomia seu próprio caminho e que façam suas próprias descobertas. Um clima autoritário e contrário à pluralidade pode ser criado de diversas formas, por exemplo: castigando ou premiando, através da nota, a ortodoxia das idéias expressadas (é o caso, por exemplo, de um professor que reprovava os trabalhos que admitiam a legalização do aborto, numa ocasião em que se elaboraram monografias sobre o tema). Outra forma é explicar os fenômenos ou os fatos como se fosse a única maneira de abordá-los, escamoteando-lhes a informação de que além dessa maneira de responder às questões colocadas há outras, consideradas válidas por outras correntes ou pessoas;

12) partir do que é imediato ao aluno, de sua experiência conhecida. Cumpriremos o velho princípio didático de "ir do conhecido ao desconhecido", mas, além disso, descobriremos e os faremos descobrir que nossa realidade cotidiana é muito rica e que nos sugere muitas

dúvidas. Quando, em vez disso, precisarmos partir de alguma realidade afastada dos alunos, no tempo ou no espaço, deveremos fazer com eles a viagem de retorno à vida cotidiana e às experiências vividas, conectando as realidades de diferentes maneiras: através da relação causa-efeito ou através da comparação, procurando semelhanças ou contrastes, sobrevivências ou grandes mudanças de certas formas sociais;

13) aprender com eles a ser livres, a amar a liberdade e a descobrir o que a anula. Porém aqui também viveremos com eles a contradição entre as liberdades individuais e a disciplina que a vida em grupo e a aprendizagem mais ou menos ordenada de uma ciência supõem lembrando que a ordem é um meio e não um fim em si mesmo. Ampliaremos o campo daquilo que podem escolher, abriremos a possibilidade de que elaborem suas próprias normas mas também lhes exigiremos responsabilidades no cumprimento do que for democraticamente estabelecido.

Chegamos então ao tema da responsabilidade, que deveria ser outra norma orientadora de nossa didática. A verdadeira responsabilidade é exercida quando se pode escolher e discutir as decisões para então acostumar-se a cumprir suas obrigações, não cedendo sem necessidade.

Dadas estas linhas gerais, trata-se de elaborar uma didática ativa no duplo sentido do termo: ativa por estar baseada no princípio de que os alunos aprendem através de sua atividade e ativa no sentido de que nasça de nossa criatividade, que não nos limitemos a copiar propostas dos manuais ou outras experiências realizadas.

# Uma didática ativa

Nos cursos, artigos e livros dedicados a temas pedagógicos e até mesmo em circulares das autoridades do sistema educacional nos falam sempre em métodos ativos como algo generalizado quanto a sua aceitação e utilização do termo. Não obstante, não é assim que as coisas ocorrem, pois o ensino ativo não é, hoje, a realidade de nossas escolas. No encalço de uma explicação para esta situação dual remontaremos aos antecedentes do ensino ativo como proposta metodológica, para nos interrogarmos então acerca do porquê de algo tão aceito e aparentemente simples não ter conseguido ainda tornar-se real.

### Qual é a origem da pedagogia ativa como proposta metodológica?

Podemos começar com uma observação da vida cotidiana e do senso comum: qualquer ensino que se leve a sério é ativo e tem o aluno como protagonista de sua própria aprendizagem. Basta ver um artesão ensinando seu ofício, um agricultor iniciando seu filho nos trabalhos do campo, um treinador esportivo formando uma equipe. Se olharmos para trás no tempo, recolheremos o mesmo dado. Exemplo: os espartanos organizavam uma série de experiências pelas quais deveria passar o futuro guerreiro, não se limitando a explicar-lhe o que deveria fazer. As dificuldades se colocam, como vemos, não enquanto aprendizagens práticas, mas enquanto aprendizagens intelectuais. A esse respeito recolhemos também textos que já apontavam a necessidade de uma pedagogia ativa muito tempo antes. Vejamos John Locke no século XVII:

"Os meninos são mais ativos e empreendedores que em nenhuma outra idade da vida, e lhes é indiferente fazer uma coisa ou outra, contanto que a façam, e lhes dá na mesma dançar ou brincar de amarelinha, quando encontram um mesmo estímulo ou os mesmos inconvenientes.

Porém, em se tratando de seus estudos, a razão única e suficiente para desanimá-los é que os obriguem, que se faça deles uma obrigação, um objeto de tormentos e repreensões, e assim o farão tremendo e com temor, ou quando se aplicam neles voluntariamente, se são retidos por tempo excessivo até que estejam cansados e aborrecidos; tudo isto restringe por demais essa liberdade natural que amam apaixonadamente".[3]

E como não citar nesta linha Rousseau, que tanta influência teria na nova pedagogia do século XX:

"Fazendo com que vosso aluno esteja atento aos fenômenos da natureza, em breve o fareis curioso; mas para nutrir sua curiosidade, não vos apresseis nunca em satisfazê-la. Colocai as questões ao seu

(3) John Locke, *Pensamentos sobre a educação*, Seção VIII.

alcance e deixai-o resolvê-las. Que nada saiba porque o tenhais dito, senão porque o tenha aprendido por si mesmo; que não aprenda a ciência, que a invente. Se fazeis com que em seu espírito a autoridade substitua a razão, ele não raciocinará jamais, somente será o joguete da opinião dos demais".[4]

O conceito de "atividade" foi chave no movimento da chamada "escola nova", que se desenvolveu especialmente nos últimos anos do século passado. Esta corrente derivou de uma nova compreensão das necessidades da infância, inspirando-se nas colaborações que ciências em desenvolvimento como a Biologia e a Psicologia realizavam. A função geral do processo educativo foi, para esses pedagogos, o desenvolvimento individual das capacidades dos indivíduos. A partir disto realizaram uma ampla crítica dos métodos tradicionais de ensino, criando-se a oposição "ensino tradicional" X "escola nova". Nesta oposição o caráter mais distintivo era precisamente o conceito de ensino ativo. Frente a um ensino no qual tudo se reduzia (ou em muitos casos, no ensino secundário, poderíamos dizer "se reduz") a explicar a lição e tomar a lição ou dar um exame, propuseram que os alunos aprendessem "observando, investigando, perguntando, trabalhando, construindo, pensando e resolvendo situações problemáticas"... Frente à dicotomia "razão-ação" do ensino tradicional, a nova escola procurou integrar esses conceitos, concebendo a aprendizagem como um processo ativo no qual se fundem "sensibilidade, ação e pensamento".[5]

Cito Ferrière como um dos representantes desse movimento, que escrevia em 1920:

(4) J.-J. Rousseau, *Emilio o de la educación*, Livro terceiro, Madri, Biblioteca Edaf, 1969, p. 179.
(5) Lourenço Filho, *Introdução ao estudo da Escola Nova* (*Introducción al estudio de la Escuela Nueva*, Buenos Aires, Kapelusz, 1964).

"A atividade espontânea, pessoal e fecunda é a meta da escola ativa. Tal ideal não é novo. Foi a aspiração de Montaigne, de Locke, de J.-J. Rousseau, o centro vital do sistema educativo sonhado por Pestalozzi, Fichte, Froebel. Em síntese: o modelo de perfeição sobre o qual se assentaram todos os pedagogos intuitivos e geniais do passado, os grandes precursores. Mas examinando a difusão de sua obra e o progresso da ciência, se chega à conclusão de que a força sobre a qual se apoiaram — a intuição — foi também sua debilidade. Fizeram conjecturas sobre os problemas da infância; mas não os conheceram de maneira exata, científica. Antes do advento da Psicologia experimental, o educador não pressentia mais um caminho, hoje já sabe algo, amanhã, muito mais. E o que aprendemos? Que a criança cresce como uma pequena planta, de acordo com leis que lhe são próprias; e que não possui certamente mais do que assimilou por um trabalho pessoal de digestão. O melhor dos adubos químicos, se espalhado a pinceladas sobre o tronco de uma árvore, não aportaria nenhum benefício. Se o córtex não conseguisse romper esse verniz, o vegetal pereceria. Assim ocorre com freqüência na escola tradicional. É necessário que se aprenda a colocar o alimento ao pé da planta para que a chuva o arraste em direção às raízes, para então presenciarmos o trabalho de assimilação, lento mas efetivo, que fará a árvore produzir as mais belas flores e as mais lindas frutas".[6]

É evidente que esse conceito de atividade "espontânea" é difícil de ser assumido por um professor que está encerrado numa gama muito limitada de possibilidades: normas, avaliações, tempo escasso, desenvolvi-

---

(6) Ferrière, *La escuela activa*, Studium, 1971, p. 11.

CIÊNCIAS SOCIAIS NA ESCOLA

mento das demais matérias. Também não parece muito conciliável com as exigências de um sistema educacional em escala estatal (não numa "escola nova" experimental) nem com a disciplina que implica a aquisição do método próprio a toda formação científica. Feitas estas ressalvas, cabe perguntar se, ainda que descartemos todo o valor da palavra "espontânea", fazemos o possível para reduzir os limites da coerção.

Primeiramente, a atividade foi considerada como um fim em si mesma, mas, com a prática, passou a ser uma "condição necessária" para o alcance de seus fins educativos.

Nos Estados Unidos as correntes educacionais fortemente influenciadas pela figura de John Dewey insistiram muito nesse conceito de "aprendizagem ativa", aprender a atuar atuando.

"A escola atual... se propõe a dotar a criança de hábitos práticos e intelectuais dos quais terá necessidade mais tarde, numa sociedade em que tudo se faz para mantê-la afastada, privando-a durante seus anos de estudo de todo contato vital com ela. A única maneira de prepará-la para uma tarefa social é comprometê-la com a vida social."[7]

Pode-se observar que esta concepção de escola como "ensaio para a vida" se torna real, nos proponhamos ou não a que o seja. Com uma escola passiva, à margem da realidade social, também os preparamos para a vida; os habituamos a ser massa, a admitir as coisas para não sofrer represália, a não desejar o que está reservado para outros, a não pensar por si mesmos e a seguir um dirigente que pensa e "sabe".

---

(7) Dewey, John, *L'école et l'enfant*, cit. em Palmero, J., *Histoire des institutions et des doctrines pédagogiques*, Paris, Sudel, 1958, p. 422.

Essa fase da "escola nova" centrada no desenvolvimento das capacidades individuais do sujeito, num sentido "rousseauniano" de algo que está no interior e que apenas carece das condições para que se desenvolva, durou até a Primeira Guerra Mundial. As perturbações da vida social, assim como a difusão das idéias socialistas, colocaram em evidência a importância de outros fatores que atuavam no desenvolvimento dos indivíduos: os fatores sociais, culturais, históricos e econômicos. A seguinte citação resume bem a crítica à escola nova do ponto de vista marxista:

> "As idéias de educação livre não são outra coisa que uma típica utopia reacionária. Seu ponto de vista é uma 'natureza' de criança ideal e imutável que não existe senão na imaginação destes pedagogos idealistas e que seria o determinante do caráter e desenvolvimento da criança, ignorando toda a importância da história e do meio ambiente".[8]

Nesta etapa é imprescindível mencionar a figura de Celestin Freinet e seu movimento de escola moderna e as correntes que dele derivaram. Descobriram novas qualidades necessárias a esta aprendizagem através da atividade: que ela seja liberadora, isto é, que conduza o indivíduo a tomar consciência de sua realidade, analisá-la, criticá-la e expressá-la. Freinet se preocupou intensamente com que suas experiências não fossem uma *avis rara* dentro do sistema educacional, nem uma experiência isolada, criando um movimento de professores e potencializando todas as formas de intercâmbio.

"O agricultor não modifica subitamente toda a sua técnica de cultivo. Compara seu rendimento com o das

---

(8) Lunatcharsky *et alii*, *La Internacional Comunista y la escuela*, Barcelona, Icaria, 1978, p. 186.

CIÊNCIAS SOCIAIS NA ESCOLA 31

fazendas vizinhas, se informa, pergunta os preços, lê livros, ouve conversas. Atua, então, conforme suas necessidades e possibilidades. Dizem: 'Tentemos uma destas ferramentas. Se tiver êxito avançarei um pouco mais no próximo ano'. O pedagogo que queira mudar suas técnicas educativas deverá proceder como o agricultor: com prudência e de forma gradual..."[9] e ele mesmo estabeleceu quais os passos gradativos e experimentais que poderiam levar a converter uma aula tradicional numa aula de escola moderna do método Freinet.

Passaram-se muitos anos desde que foram formuladas essas idéias e desde que se efetivaram as mais famosas experiências. Não obstante, as coisas nas escolas não mudaram tão depressa.

*Que dificuldades a pedagogia ativa encontrou para introduzir-se nas escolas?*

Para encontrar a resposta a esta questão poderíamos refletir partindo de diferentes pontos:

1) *do ponto de vista da sociedade.* Há uma evidente contradição entre as correntes que pretendem formar um indivíduo protagonista de seus próprios processos e uma sociedade onde se tende à massificação, entre a formação de um participante ativo e a tendência atual de condução, por poucas mãos, da economia e da política do mundo. Outra contradição é que a pedagogia ativa visa potencializar o indivíduo criador, e a sociedade o necessita como consumidor e trabalhador bem treinado. Nossa sociedade procura e estimula "os criativos": aqueles indivíduos capazes de dar de si mesmos e descobrir novos rumos para a produção ou para a eficácia das instituições vigentes, mas não suportaria facilmente que *todo homem* pudesse ser um indivíduo criativo e rebelde.

Por outra parte, o Estado continua dedicando recursos insuficientes para a educação das classes popu-

(9) Freinet, C., *L'école moderne française.*

lares; assim, enquanto os colégios particulares de elite reduzem ao máximo o número de alunos por classe, nos bairros de periferia as classes continuam superlotadas. Aqui devemos recordar duas condições básicas para passar a uma pedagogia ativa: reduzir o número de alunos por sala de aula e reduzir o conteúdo dos programas, já que dissertar sobre um processo ou fenômeno não é a mesma coisa que tentar que eles o descubram ou analisem por si mesmos. Neste caso se empregará mais tempo mas haverá verdadeiro aprendizado;

2) *do ponto de vista dos professores*. As rotinas do sistema educacional de que somos um produto especial pesam muito: muitos de nós não têm experiências de trabalho fora dele, concluímos o ciclo de formação como estudantes e voltamos a nos inserir no sistema como docentes. Pesa muito, então, nossa própria formação, e tendemos facilmente a aplicar o modelo que temos tão interiorizado desde nossa infância.

Pela nossa própria formação na escola tradicional, nos sentimos inseguros ao abrir novos caminhos e ao projetar novas experiências, e tendemos a nos agarrar no que outros fizeram. Por isso a escola ativa está entrando, timidamente, no compasso das editoras: estas elaboram textos "ativos" e os professores os aplicam. Por outro lado, deveríamos ser nós mesmos protagonistas ativos da mudança nas escolas para que pudéssemos dar aos alunos a possibilidade de sê-lo também.

Assusta, da mesma forma, ao professorado, a multiplicidade de experiências críticas, umas em oposição a outras. Ficamos, assim, esperando *a* experiência, aquela definitiva. na qual possamos confiar. Mas esta não existe: é caminhando que se abre caminho na multiplicidade enriquecedora de respostas;

3) *do ponto de vista dos professores de ensino médio*. A maior parte das experiências está centrada na

criança, seus interesses, seu prazer. Porém não está claro o que ocorre com o adolescente, no qual se apresentam algumas diferenças evidentes com respeito ao ensino primário: o adolescente estabelece uma relação afetiva com o professor diferente da criança, precisa desapegar-se, confia menos, precisa se confrontar com o adulto para ser ele mesmo. É, portanto, mais difícil sintonizar com ele e motivá-lo a partir do professor e da escola. Esse desapego também se dá com relação aos conhecimentos que os ministérios decidem que os alunos de nível secundário devem adquirir na escola. Seus novos corpos reclamam urgentemente outros interesses muito vivos, a sociedade os bombardeia, nem sempre para seu bem, com inúmeras solicitações. A aprendizagem escolar fica, assim, facilmente fora de competição, principalmente para os moços mais rebeldes e abertos à vida. A nível de ensino secundário, se faz mais evidente a necessidade de uma preparação séria e específica para um futuro que se coloca muito imediato: a universidade, o mercado de trabalho. Então, logicamente cresce a resistência dos alunos, seus pais e professores contra arriscar-se em mudanças e novos caminhos, e se prefere ir pelas desbaratadas vias conhecidas, circunstancialmente seguras, pois o novo sempre necessita de certa rodagem para ser eficaz;

4) *do ponto de vista dos criadores de novas correntes*. Eles elaboram um sistema sobre uma série de suposições, mas poucas vezes se esforçaram em conectar esse novo sistema com a realidade da escola pública como instituição e para ver através de que passos a experiência seria parcial e gradualmente aplicável a esta. Valem para tanto dois exemplos:

• como organizar escolas com experiências novas, que supõem professores comprometidos com elas e integrados em equipes estáveis, e conciliar isto com um sistema escolar de promoções, ao qual como trabalhadores temos direito?

- como conseguir a mudança de todo um sistema sem, entretanto, contradizer-se com seus próprios princípios, o que nos levaria a descartar a imposição, criadora da passividade?

5) *do ponto de vista dos pais*. A responsabilidade e o temor destes frente a uma sociedade competitiva e ferozmente seletiva os leva a suspeitar mais e a temer a introdução de mudanças, quanto mais radicais estas forem. Eles pensam, com razão, no "depois", em como se enlaça o que se está fazendo com o grau seguinte ou com o que a sociedade exige. Por exemplo: numa escola primária onde havia um verdadeiro ambiente de liberdade e participação, os pais disseram que os alunos recebiam um choque muito forte ao passar para o ensino médio em institutos nos quais as coisas eram muito diferentes, pedindo que a escola que havia sofrido a mudança se adaptasse à realidade global, que continuava como antes.

# Que atividades selecionar?

Este é o problema que se coloca ao professor decidido a mudar de metodologia, uma vez que esteja convencido de que os alunos aprendem através de sua própria atividade.

Para responder a essa questão, antes de mais nada, se faz necessário definir o conceito de "atividade educativa". Podemos dizer que é tudo aquilo que os alunos fazem para alcançar uma meta ou um objetivo previamente proposto, seja ele um conhecimento, uma atitude ou um hábito. Não implica necessariamente movimento ou atividade física, mas também não o exclui, como fazia a escola tradicional.

Nesta definição podem ser destacados três pontos:

1) quem atua para aprender é o protagonista do processo, ou seja, o *aluno*, de modo contrário ao tradicional, no qual o aluno é o espectador da atividade do professor;

2) os alunos não são cérebros, são pessoas. Por isso é inseparável a aprendizagem de conteúdos da aquisição de *atitudes e hábitos*. Mesmo quando um professor acredita estar se circunscrevendo à transmissão de conhecimentos, está formando hábitos e atitudes. Exemplo: o

método "explicação-exame" desenvolve uma atitude passiva e repetitiva e o hábito de conceber a aprendizagem como sinônimo de ouvir uma explicação. Os alunos formados desta maneira rechaçam, freqüentemente, os métodos diferentes que outro professor pretenda introduzir e preferem o mecanismo habitual, que é o único que conhecem.

## Que atividades são válidas na aprendizagem das Ciências Sociais?

1) A princípio, as atividades são um caminho para alcançar uma meta, portanto serão válidas na medida em que sejam aptas para produzir os hábitos e atitudes que queremos que nossos alunos adotem e para que assimilem a informação selecionada para eles.

Se quisermos, então, formar pessoas livres, equilibradas, autônomas e responsáveis por seus deveres de solidariedade para com o povo a que pertencem, as atividades devem ter certas qualidades, a saber:

a) que favoreçam o trabalho independente, o que não significa mandá-los sozinhos ao encontro de dificuldades, mas sim dar-lhes métodos de trabalho que lhes permitam avançar cada vez mais autonomamente em suas tarefas;

b) que fomentem a expressão, e também a manifestação da dúvida ou da crítica;

c) que levem os alunos a adquirir uma disciplina pessoal de trabalho. Por mais que respeitemos sua liberdade, é imprescindível recuperar o termo "disciplina de trabalho", dando-lhe em nossas matérias as seguintes condições: o esforço, as repetições e as exigências necessárias para adquirir certos hábitos úteis, tais como:

• saber organizar seu tempo e seus materiais de estudo;

CIÊNCIAS SOCIAIS NA ESCOLA 37

- saber utilizar os diferentes índices dos livros;
- ler com atenção;
- extrair as principais idéias de um texto;
- elaborar diferentes tipos de resumos e esquemas;
- concentrar-se na interpretação de mapas, gráficos e estatísticas;
- memorizar uma informação mínima básica, que será o alicerce de uma informação posterior;
- seguir certas normas que tornem mais clara e ordenada sua expressão oral e escrita;

d) que permitam desenvolver a capacidade de trabalhar cooperativamente, com o conjunto da classe e em grupos;

e) que estabeleçam níveis adequados de exigências, já que é igualmente negativo trabalhar abaixo das possibilidades dos alunos, tanto quanto ultrapassá-las;

f) que permitam manter um ritmo agradável de trabalho, nem opressivo nem forçado, evitando ser um fator neurotizante. Isto, como já vimos ao falar de métodos ativos, repercute na seleção de conteúdos.

2) Em nossa área são básicas as *atividades que levam a saber informar-se*. Isto se ajusta, em parte, às metas de estudo dirigido ou aquisição de técnicas de estudo. Mas vai além disso: é a formação de um aspecto importantíssimo no cidadão, o "saber informar-se", que pressupõe:

- saber procurar a informação;
- saber compará-la;
- analisar sua tendenciosidade;
- compreender o valor e a incidência das fontes de informação;
- interpretar mapas e material gráfico e visual em geral;
- analisar a propaganda;
- interpretar estatísticas;

- saber escutar (uma conversa, informe de rádio, um discurso, etc.);
- saber ver e ouvir um noticiário de televisão;
- interpretar uma foto ou uma seqüência de filme.

Isto é adquirido como parte de nossas matérias, mas tem um valor muito amplo na formação da consciência crítica do cidadão.

3) Dentro da área de Ciências Sociais existem *atividades específicas, por reproduzirem o método de trabalho destas ciências*, o trabalho do historiador e do geógrafo, tais como:

- a interpretação de testemunhos históricos de diferentes tipos;
- o estudo do meio, parcial ou integral;
- a cartografia;
- a atitude de tomar como base para a formação de idéias e opiniões a análise de fatos e situações concretos;
- a capacidade de observar a realidade social e física que nos rodeia.

4) Como também se inclui dentro de nossa área a contribuição à formação do cidadão, serão importantes todas *as atividades que fomentem a participação*:

- participação nas tomadas de decisões da classe;
- participação na organização do trabalho, dentro do possível;
- participação em debates, discussões, mesas-redondas, etc;
- conhecimento das técnicas de grupo que podem ser usadas em cada caso, para dinamizar a participação de seus companheiros.

A participação criará contradições com nossa autoridade, contradições que deveremos assumir, pois nosso papel é o de autoridade — democrática, mas autoridade. Não deveremos eludir nosso papel de adultos, mas sim nos dispor a cumpri-lo em suas contradições: autoridade-participação e ordem-liberdade.

E o que ocorrerá com a tradicional explicação do professor, será necessário descartá-la? Sim, enquanto método habitual ou exclusivo. Não como recurso. Será uma atividade a mais com um objetivo específico: para que os alunos aprendam a ouvir uma exposição oral, para que aprendam a tomar notas, para apresentar uma visão global de uma unidade que se inicia, para oferecer uma informação de difícil acesso para os alunos. Conseqüentemente, supõe uma preparação pelo professor, não somente da informação que a exposição contém, mas também da forma de organizá-la e compô-la e dos apoios visuais que a complementam.

## Atividades comuns e atividades especiais

Organizando o trabalho escolar a partir de um método ativo, distingo dois tipos de atividades ao programar uma unidade. Umas são cotidianas, de curto alcance, e constituem o corpo habitual das unidades de tal maneira que, em função da repetição de cada uma delas ou de um grupo de atividades do mesmo tipo, o aluno adquira o domínio desse estilo de trabalho e aprenda a aprender nossas matérias: roteiros de estudo, resumos, leitura de mapas, interpretação de testemunhos, análise de textos, trabalho com estatística, trabalho em escala, relação com a atualidade. Porém também é necessário incluir outras atividades de maior alcance que sejam como um tempero da rotina, mais motivadoras e voltadas para uma realização prática, como, por exemplo, pequenos projetos que se incluam no desenvolvimento normal, porém ativo, das unidades. Seus objetivos devem estar relacionados com a unidade e podem motivar o estudo desta, rever temas estudados ou reforçar certas aprendizagens. Entretanto, sua finalidade mais importante se expressa na mencionada frase de ser ele "tempero e sabor", um pouco de alegria e cor no habitual e repetitivo. Essas atividades nos permitem uma solução quando atuamos sozinhos ou com algum companheiro, mas dentro de uma estrutura que se mantém nas vias tradicionais. Nestes casos, torna-se difícil introduzir mudanças radicais de enfoque e de metodologia. Encaramos então pequenos projetos possíveis.

O maior inimigo desses pequenos projetos é o tempo, que não deixa outra solução que "tirá-lo" de outros conteúdos, com a convicção de que é mais valioso participar de uma experiência de construção do próprio conhecimento, que engolir mais temas numa posição receptiva.

## O valor das pequenas experiências

O objetivo deste trabalho é recuperar o valor das pequenas experiências que muitos de nós realizamos nas aulas e que, habitualmente, permanecem ocultas, conhecidas talvez só por nós mesmos e por isso incompletas, não avaliadas nem contrastadas com outras opiniões e pareceres.

Para nós que, ano após ano, vivemos a ilusão e o temor de uma mudança, junto com a desilusão e o desalento, pela reiteração de velhos males, pequenas experiências, que não pretendem uma mudança total, têm valores, tais como:

• a multiplicação de criação e pesquisa, ainda que não estejam coordenadas entre si nem sistematizadas, irão esfacelando, desde sua base, a estrutura impessoal do ensino tradicional;

• permitem que nós, professores e alunos, nos treinemos em outra forma de trabalho, encaminhando-nos para uma pedagogia ativa, que admitimos na teoria, mas que geralmente não sabemos como praticar;

CIÊNCIAS SOCIAIS NA ESCOLA

- permitem-nos romper com a monotonia, o tédio e o pessimismo, respirar um pouco de ar fresco e nos motivarmos, condição indispensável para motivar os alunos;
- permitem-nos ser criadores de nossa didática;
- permitem-nos contar aos nossos companheiros pequenas coisas possíveis, levanta mais o ânimo e dá mais esperança que ingerir muitas páginas de irrealizáveis teorias em nossas atuais condições de trabalho.

## Proposta de atividades, segundo Freinet

Na linha de educação popular, Celestin Freinet é provavelmente a figura mais valiosa e conhecida. Numa de suas obras ele nos propõe uma relação de atividades que, ao serem incorporadas, nos vão permitindo ir passando, paulatinamente, de uma aula tradicional a uma aula de outro tipo, passo que às vezes quisemos dar sem saber como.[10]

Algumas dessas sugestões de Freinet podem ser incorporadas pelo professor de Ciências Sociais como atividades. Exemplos:

1) *passeios no meio ambiente* (bairro, cidade, museus, fábricas, etc.);

2) *caderno de perguntas* "para anotar as perguntas dos alunos", que serão respondidas numa hora determinada. Essas perguntas poderão ser, também, ponto de partida para investigações de grupos ou pessoais;

3) *texto livre*. É difícil introduzi-lo se formos apenas professores de Ciências Sociais, mas podemos introduzir seu método para corrigir trabalhos de alunos; exemplo: análise de textos ou redações. Os passos para esse método de correção seriam os seguintes:

(10) Freinet, C., *L'école moderne française.*

# MARÍA TEREZA NIDELCOFF

a) tirar cópias do trabalho de um dos alunos, de maneira que cada um deles tenha um exemplar;

b) com a participação de toda a classe, corrigir esse trabalho, ordená-lo adequadamente, acrescentar-lhe sugestões, eliminar repetições, corrigir a sua forma de expressão, enfim, enriquecê-lo e transformá-lo numa obra coletiva;

c) passá-lo a limpo, incorporando todas as contribuições do grupo.

4) *jornal mural*. Com matéria informativa, nacional e internacional, trabalhos que valham a pena expor, notícias da classe, queixas dos alunos, etc.;

5) *fichário escolar cooperativo*. Isto é indispensável se quisermos dispor de um material mais vivo e atualizado que o livro didático. Recortando artigos da imprensa, recolhendo comunicados de partidos políticos ou grupos de pressão, "quadrinhas", etc., e classificando esse material de acordo com diferentes assuntos, teremos, aos poucos, dossiês bastante completos. Ao mesmo tempo, poderemos intercambiar material com outros companheiros que trabalhem numa linha semelhante;

6) *dicionário*. Elaboração de um vocabulário específico de nossas matérias, com explicações acessíveis para nossos alunos das últimas séries da escola primária e início do ensino médio, já que nestes casos não nos são úteis os dicionários existentes de Ciências Sociais, principalmente quando os alunos têm dificuldade de expressão. Com nossa ajuda, cada aluno irá elaborar seu próprio dicionário;

7) *seminários de alunos*. Não se trata de "declamar" a lição, mas de assumir nosso lugar na classe, expondo, individualmente ou em grupos, um assunto que tenha sido preparado com material visual de apoio;

8) *diário escolar*, narrando os incidentes da vida cotidiana da classe. Pode ser acrescentado ao jornal mural;

9) *elaboração de audiovisuais, vídeos e programas de rádio*. Isto dependerá, naturalmente, dos materiais de que se disponha. Os programas de rádio devem ser produzidos, gravados e ouvidos na classe ou se possível na escola. Os audiovisuais podem ser montados com diapositivos comprados, fotografados pelos alunos ou desenhados por eles.

Outra atividade possível nessa linha são as oficinas, mas estas requerem a colaboração de outros professores. Em nosso caso, poderiam ser: jornalismo, construção de material didático, elaboração de audiovisuais, construção de maquetes, etc.

## As atividades na unidade didática

"Programar" é uma atividade que chegou às escolas por meio de circulares e resoluções das autoridades educacionais, isto é, como atividade imposta. Isto a transforma freqüentemente em algo que se faz apenas como obrigação, sem reconhecer sua importância, importância que, por outro lado, é exaltada pela bibliografia utilizada. Contudo é necessário programar, como se procede com qualquer trabalho sério que se queira realizar metodicamente. Para uma pedagogia ativa é condição que o programa não seja uma sucessão de assuntos, tal como navegar no mar sem avistar a orla, mas que seus conteúdos sejam organizados em torno de questões centrais, que constituam unidades, que abrem e fecham um ciclo, como quando se navega de uma ilha para outra.

Cada professor ou grupo de professores que se reúna para programar deverá escolher um modelo que lhe pareça adequado (projetos, núcleos de interesse, unidades de trabalho, unidades didáticas) e escolherá também a forma de programar de acordo com esse modelo.

No caso das unidades didáticas são úteis as seguintes etapas:

1) considerando os conteúdos da programação oficial que devemos desenvolver, identificar os *grandes assuntos* que constituirão as "unidades";

2) formular uma *questão principal* que centralize os assuntos da unidade. Por exemplo: "qual é a origem da nossa civilização?", "por que consideramos a Grécia a base de nossa civilização?", "em que se assemelham e em que diferem as duas superpotências?"... A pergunta, que pode ser o título da unidade, nos ajuda a precisar a informação que queremos que os alunos adquiram, nos ajuda também a selecionar os conteúdos, dependendo de sua funcionalidade, para resolver o problema no qual centralizamos a unidade, e ajuda os alunos também a perceberem o que se espera que conheçam findo o estudo da unidade.

A resposta à pergunta constitui o objetivo principal de conhecimento da unidade;

3) selecionar os *conteúdos* adequados à resolução do problema formulado, tendo em conta o *tempo* que lhe podemos dedicar. Contudo, não é realista programar as atitudes e as aptidões unidade por unidade. É mais conveniente fazê-lo para o curso inteiro. A programação de aptidões a serem adquiridas ou reforçadas será considerada ao selecionar-se as atividades da unidade. As atitudes cuja aquisição ou prática se tenham em vista são um ponto a ser considerado ao longo do curso;

4) formulada a pergunta que centraliza a unidade e selecionados os conteúdos adequados para respondê-la, passamos às *atividades* com as quais esperamos que os alunos aprendam, já que partimos do conceito de que o sujeito aprende através de sua própria ação. As atividades podem ser de apresentação, de desenvolvimento e finais.

a) *Atividades de apresentação*: são as que introduzem e motivam os alunos para o assunto. É conveniente que cada unidade parta da apresentação global do problema, abordagem do problema como um todo, apresentando-o, fazendo com que os alunos se aproximem dele, constituindo-o como objetivo da/das atividades de apresentação. Têm, além disso, como missão ganhar o interesse dos alunos. Podem ser uma narração oral, uma leitura, uma conversação, ouvir uma canção adequada ao assunto, diapositivos, uma observação da vida cotidiana, etc.

Na apresentação da unidade os alunos também tomarão nota de seus conteúdos, do tempo que se trabalhará nela, de quais serão os trabalhos que serão realizados, de que materiais de estudo necessitarão; poderão trazer idéias ou sugerir atividades e, finalmente, saberão, aproximadamente, quando serão dados os exercícios de avaliação (parciais ou finais) e a data de entrega dos trabalhos.

b) *Atividades de desenvolvimento ou de estudo da unidade*: são aquelas escolhidas para abordar o estudo de cada um dos assuntos da unidade — exposições orais, estudo dirigido, trabalho em grupos, elaboração de resumos, interpretação de testemunhos, vinculação com o presente, trabalho em escala, diapositivos, etc. Em cada tema parcial será feita referência à pergunta central em torno da qual se está fixado.

c) *Atividades finais de reforço*: parte-se do enfoque global da unidade, em seguida se faz o estudo desta, tema por tema, e finalmente torna-se necessário recompor novamente a unidade. É o momento de verificar a resposta global ao problema central da unidade em questão. São atividades de reforço que não devem ser confundidas com a avaliação final da unidade. Elas podem ser: um comentário oral, um debate, jogos de perguntas e respostas, um mural coletivo, uma redação coletiva, uma exposição de trabalhos realizados no decorrer da unidade, etc. As atividades finais podem colocar questões que constituam a apresentação da unidade seguinte;

5) As formas de *avaliação* são escolhidas tendo em conta o objetivo central de conhecimento e as *atividades realizadas*, isto é: tudo o que foi realizado deve ser tomado em conta ao fazer-se a avaliação, e os exercícios de avaliação não podem introduzir formas de trabalho diferentes das utilizadas no decorrer da unidade, nas diferentes atividades.

# Atividades: interpretação de testemunhos

A interpretação de testemunhos é uma atividade que não pode faltar numa didática ativa de História, entendendo-se por testemunho tudo o que restou do passado do Homem, tanto objetos, documentos escritos, bem como tudo aquilo que nos chega gravado, pintado, desenhado, filmado, fotografado, etc. Quanto menores forem os alunos mais conveniente será que os testemunhos utilizados sejam visuais ou os próprios objetos, já que os textos oferecem às crianças dificuldades e são para elas menos atrativos. Os documentos de tipo legal e político (leis, tratados, decretos, etc.) praticamente devem ser descartados do 1º grau, pelas dificuldades que apresentam em seu vocabulário e conteúdo, assim como pela pouca motivação que geram. Em compensação podem ser utilizados textos narrativos ou descritivos, que permitam conhecer costumes, modos de vida, acontecimentos pitorescos, etc.

*Os passos para a análise de um testemunho escrito* (ou texto histórico) nos últimos anos do ensino primário ou primeiros do secundário, podem ser os seguintes:
- determinar de que tipo de texto se trata (relato de um viajante, depoimento de uma testemunha ocular, um artigo de imprensa, uma canção popular antiga, etc.);

- situá-lo temporalmente — enunciar os dados que surjam do documento que permitam datá-lo exata ou aproximadamente. Quando estes dados são escassos ou difíceis de deduzir, o professor deve situàr o documento em seu lugar e tempo;
- observar quem é o autor e determinar se estava em condições de conhecer a realidade sobre a qual escreveu e que motivos teria para ser parcial de uma ou outra maneira;
- explicação do significado de todos os termos ou expressões que ofereçam dificuldades;
- após uma releitura, resumir oralmente o conteúdo global do texto;
- fazer um esquema com as idéias principais;
- realizar uma última leitura minuciosa, esclarecendo todas as expressões obscuras, colocando todas as questões e os aspectos confusos, explicando todas as alusões históricas, estabelecendo relações com outra informação conhecida vinculada a esta e situando num mapa os lugares mencionados;
- formular todas as hipóteses possíveis, a partir do texto, sobre a época ou realidade que estamos estudando, e enunciar os passos que deveriam ser dados para verificá-las;
- sintetizar toda a informação que se tenha sobre o assunto e a época em que se situa.

*Um testemunho visual ou um objeto* pode ser analisado seguindo um esquema similar ao anterior:
- descrever detalhadametne o objeto ou imagem;
- situá-lo temporal e espacialmente;
- observar quem é o autor. No caso de pinturas ou fotografias, ver como e em que sentido o testemunho pode "retocar" a realidade;
- colocar todas as dúvidas que surjam sobre o uso do objeto e sua técnica de fabricação, ou sobre a realidade refletida pela imagem;

CIÊNCIAS SOCIAIS NA ESCOLA

- formular todas as hipóteses que lhes venham à mente sobre a época do objeto, a partir da observação deste;
- enunciar os passos que devem ser dados para a verificação das hipóteses.

O processo de formulação de hipóteses, a noção de que seu valor depende da possibilidade de sua verificação e que para tanto seria necessário todo um trabalho posterior, são fatores importantes para que os alunos compreendam através da vivência a fragilidade e a força da História como ciência. Fragilidade, porque eles compreenderão que do testemunho se obtém uma informação fragmentada, com sombras, e que pode ser permeada pela mesma tendenciosidade que pode estar presente no momento de interpretar a fonte e formular as hipóteses. Entretanto captarão a força do conhecimento da ciência histórica, quando encontrarem as formas para verificar essas hipóteses e observar os contrastes entre as fontes; a informação é então ampliada e discutida e descartam-se as informações insuficientemente fundamentadas.

### Análise de alguns testemunhos

*Testemunhos orais*

Durante o levantamento de dados sobre a história de suas famílias, numa série do secundário, com alunos de aproximadamente 15 anos, estes trouxeram alguns testemunhos que podiam ser trabalhados conjuntamente:

"Meu avô disse que quando era pequeno, em sua casa não utilizavam garfo, comiam só com colher";
"Meu avô se lembra de um canto, da época da República, em seu povoado (província de Jaén):

'Arriba la cuchara
abajo el tenedor
y, como soy comunista,
viva el martillo y la hoz'."*

Vários alunos concordam, imediatamente, pelo fato de seu avós também dizerem que quando eram crianças raramente comiam carne e que abundavam os pratos "de colher". Esta última informação não deixava margem à dúvida mas o canto e o primeiro testemunho ofereciam uma possibilidade de diálogo, reflexão e busca de novos dados: que talheres utilizavam as classes populares camponesas para comer na época em que nossos avós eram crianças?; a que se refere o canto quando diz "acima a colher"?; e quando diz "abaixo o garfo"?; em que comidas utilizamos principalmente o garfo?; e a colher?

Hipóteses que podem ser formuladas:

• "as famílias de classe popular camponesa da época da infância de nossos avós não utilizavam ou utilizavam pouco o garfo";

• "isto ocorria porque comiam pouca carne";

• "quando o canto diz 'acima a colher' se refere aos que comiam com colher, ou seja, os pobres";

• "quando diz 'abaixo o garfo', se refere aos que podiam comer carne, ou seja, os mais abastados";

• "nessa época, nos povoados da província de Jaén, havia gente que se declarava comunista";

• "nessa época, havia gente que aspirava uma mudança revolucionária que desse o poder aos mais pobres".

Os passos seguintes para a verificação de hipóteses deveriam ser:

---

(*) "Acima a colher / Abaixo o garfo / e como sou comunista / viva o martelo e a foice." (N. T.)

CIÊNCIAS SOCIAIS NA ESCOLA 51

Contrastar e ampliar a informação oral com novos dados:

1) informar-se se há outras famílias que alegam o uso habitual da colher na época em que estamos estudando;

2) informar-se se outros avós conhecem esse canto e se lembram que sentido as pessoas lhe davam ao cantá-lo;

3) procurar informação em livros de História, sobre a extensão do Partido Comunista na Espanha, na época da Segunda República, comprovando se é verossímil que houvesse circulado tal canto.

*Testemunhos visuais*

1) *Pintura egípcia da XVIII dinastia* (reprodução tirada de Luis Suárez Fernández, "Las primeras civilizaciones", *Historia Universal*, EUNSA, tomo 1, p. 181).

*Idade dos alunos*: últimas séries do primário.

*Atividades*

a) A época da pintura pode ser aproximadamente o século XVI a. C. Numa linha que represente o tempo, situar esse século e o nosso século XX. Calcular o tempo transcorrido.

b) Descrever a pintura, observando:

• a embarcação, suas características;

• as atividades dos personagens: alguns carregam mercadorias; o que está no ângulo inferior direito parece ser o capataz;

• observar o vestuário;

• descrever o estereótipo da representação da figura humana observada;

• observar os signos que podem ser vistos na parte superior, acrescentando o dado de que se trata de escrita hieroglífica.

c) Observando o mapa, localizar por onde poderia navegar essa pequena embarcação.

d) Formular hipóteses, tais como:

"Os egípcios navegavam pelo rio Nilo em pequenos barcos de três remos";

"Em seus barcos transportavam recipientes com vinho, cerveja ou...";

"Transportavam cereal";

"Um capataz com um açoite dirigia o trabalho";

"Vestiam sungas";

"Pintavam o torso e os olhos de frente e o rosto e as extremidades de perfil".

e) Introduzir perguntas que não possam ser respondidas através da observação direta da imagem:

Todos os barcos eram como esse?

A que se destinava a carga: à venda, a pagar tributo, à tropa?

f) Estabelecer os passos que devem ser dados para a verificação das hipóteses ou responder às perguntas:

• comparar essa pintura com outras pinturas egípcias nas quais se vejam barcos;

• comparar essa figura com outras representações egípcias e comprovar se era habitual essa maneira de representar a figura humana;

• fazer a observação de que se alguém nos decifrasse o texto, provavelmente teríamos resposta para todas as perguntas.

2) *Costumes de Madri. Uma fonte de bairro. 1870* (tirado de Pierre Leon, *Historia económica e social del mundo*, tomo 4, Madri, 1980, p. 382).

*Idade dos alunos*: escola primária.

*Atividades*

a) Calcular o tempo transcorrido. Calcular quem, em sua família, poderia viver nessa época; por exemplo: o trisavô.

b) Descrever a imagem e o que fazem os personagens: como obtêm água, quem e como a transportam, com quem conversam as mulheres, o que fazem as que esperam, descrever as vestimentas.

c) *Hipóteses* que poderiam formular:

"Nesse bairro de Madri não havia água corrente nas casas";

"As mulheres e as crianças se juntavam para buscar água nas fontes";

"Utilizavam cântaros e moringas";

"Não tinham pressa";

"As vizinhas conversavam nas fontes";

"Havia um serviço policial de vigilância";

"As mulheres vestiam saia comprida, lenço e avental".

d) *Perguntas* que podem ser formuladas a partir do texto:

Por que vieram os guardas? Estão fazendo sua ronda habitual ou acudiram a algum chamado e, neste caso, por quê?

De que falam as mulheres: é uma conversa amistosa, estão intervindo porque houve alguma contenda, pedem informação sobre alguém?

Para quem é a água que o menino carrega: para sua casa, ou trabalha levando água para alguma família?

A água seria potável? Trata-se de uma fonte ou de uma torneira pública de água corrente?

Desde quando existe o sistema de água corrente em Madri?

Existem ainda cidades e povoados em que as pessoas se abasteçam de água dessa maneira? Onde?

e) Passos que poderiam ser dados para a verificação das hipóteses ou para responder às perguntas:

• Coligir dados (fotografias, informação oral, recortes de jornais) em que se veja a sobrevivência desta forma de abastecimento de água e comparar.

- Coligir dados sobre o comportamento das pessoas nas fontes dos povoados, por exemplo, comparando com a gravura.

- Buscar informação em livros de História, sobre o trabalho das crianças no século XIX e sobre o sistema de água corrente em Madri, desde a sua instalação.

3) *Camponeses medievais* ("Apocalipsis del siglo XII", Monasterio de Larvão, Portugal, em Luís Adão da Fonseca, "La cristiandad medieval", *Historia Universal*, tomo 5, EUNSA, p. 233).

Alunos de primário e início do ensino médio.

*Atividades*

a) Numa linha que represente o tempo histórico, situar o século XII e o século XX. Situar geograficamente a cena.

b) Descrever: os trabalhos que se realizam, os instrumentos e ferramentas.

c) Comentar se essas tarefas podem ser realizadas na mesma época do ano, tal como estão representadas na imagem.

d) Observar a distribuição das figuras no plano e comparar o tamanho delas entre si e em relação ao cavalo e ao farnel de cereal.

e) Comparar esses trabalhos com formas atuais de trabalho, observando que em certas regiões as coisas mudaram muito, mas que em povoados e aldeias sobrevivem algumas dessas formas.

f) Formulação de *hipóteses*, por exemplo:

"Os camponeses medievais de Portugal cultivavam videiras altas, de tipo emparrada";

"Utilizavam foices para ceifar o cereal";

"Para fazer o vinho, espremiam a uva com os pés descalços";

"Dispunham de prensas manuais para a uva";

CIÊNCIAS SOCIAIS NA ESCOLA

"Nessa época, ao representar as cenas, não se levava em conta a perspectiva".

g) *Perguntas* a serem formuladas, que o texto não responde, mas sugere:

- Em todas as regiões da Europa as videiras eram desse tipo?
- Em toda a Europa Ocidental se trabalhava de maneira similar?
- Para quem será o vinho que preparam: para eles mesmos, para seu senhor, para um mosteiro?
- Esses camponeses são homens livres ou servos?

h) Passos que poderiam ser dados para responder às perguntas ou verificar as hipóteses:

- comparar com outras imagens medievais;
- comparar com a informação obtida em algum texto sobre a vida do camponês medieval;
- proporcionar dados sobre a ceifa, a vindima e a elaboração do vinho pelos mesmos métodos, atualmente, e comparar;
- procurar informação sobre os tipos de videiras, altas ou baixas, de acordo com os climas;
- pesquisar quando se iniciou a utilização da perspectiva.

i) *Atividades criativas*. Neste caso, como no anterior, no primário, pode-se complementar o trabalho de análise de um testemunho visual com atividades de invenção, como a de inventar diálogos entre camponeses enquanto trabalham, canções que pudessem cantar, etc.

4) *Pesadelo do rei Henrique I da Inglaterra quando estava na Normandia* (manuscrito do século XII da crônica de Juan Worcester, extraído de Luís Adão da Fonseca, "La cristiandad medieval", *Historia Universal,* tomo 5, EUNSA, p. 222).

Para primeiras séries do ensino médio.
*Atividades*

a) Descrever as três cenas, ver o que têm em comum, interpretar as imagens, discutir que elementos determinam que os personagens apareçam em sonhos e não na realidade.

b) Comparar com uma história em quadrinhos atual: em que se assemelham e em que se diferenciam; por meio de que recursos atualmente são representados os sonhos.

c) Descrever as ferramentas dos camponeses, suas atitudes, imaginar que coisas poderiam dizer ou pedir ao rei.

d) Descrever as armas e vestes dos cavaleiros, imaginar seu diálogo com o rei.

e) Repetir o trabalho com a cena em que aparecem os representantes do clero, observar o significado dos bordões.

f) Refletir no porquê de o rei sonhar, de acordo com a crônica, com esses três estratos.

g) *Hipóteses e perguntas*

"Na sociedade medieval, em torno do século XII, havia três grupos sociais bem definidos: os cavaleiros, o clero e os camponeses";

"Cada um desses grupos sociais tinha seus próprios interesses e lutava por eles";

"As tensões entre os grupos sociais chegavam até o rei";

"Que grupos sociais preocupariam um governante atualmente? Por quê?".

h) Atividades para verificar as hipóteses e esclarecer as perguntas:

• procurar informação bibliográfica sobre os três estratos da sociedade medieval, sua situação social, seus problemas e poderes.

• procurar informação sobre o poder real no século XII, compará-lo com os anteriores.

CIÊNCIAS SOCIAIS NA ESCOLA 57

- procurar informação sobre revoltas camponesas e seus motivos, nessa época.

i) *Atividades criativas*: teatralizar em classe, representando as cenas da crônica, inventando os diálogos, acrescentando-lhe balões de quadrinhos, com diálogos.

5) *Cartazes da Segunda República e da Guerra Civil Espanhola* (extraído de *História de España*, de *Historia*, 16, n.º 12, p. 51).

Para o ensino médio.

*Atividades*

*1.º cartaz*

a) Procurar indicações que permitam estabelecer se o cartaz pertence à época da guerra ou se é anterior a ela (por exemplo, ver de que lado ficaram as províncias mencionadas de Palencia e León, no começo da guerra).

b) Procurar o significado de todas as siglas que aparecem.

c) Observar quem patrocinou ou "assinou" o cartaz. Observar que se trata de um cartaz destinado a fazer propaganda de uma política determinada, patrocinada pelos que assinam o cartaz.

d) Descrever o cartaz e explicar seu significado.

e) *Hipóteses e perguntas* que os alunos podem formular:

"Antes da guerra propiciou-se uma colaboração entre a CNT e a UGT (Confederação Nacional dos Trabalhadores e União Geral dos Trabalhadores) para conseguir determinados objetivos";

"Os anarquistas estavam interessados nessa colaboração e faziam propaganda da idéia";

"O lema era que os campos e as fábricas passassem para as mãos dos sindicatos";

"Era um objetivo revolucionário";

"Por que os socialistas não assinaram o cartaz?";

"Havia contato e colaboração entre os trabalhadores do campo e os da cidade?";

"Quanto durou a coligação entre a CNT e a UGT?".

f) Passos a serem dados para verificar as hipóteses e responder às perguntas:

• Procurar informação bibliográfica e confrontar os dados.

• Observar mapas de províncias fiéis à República e rebeldes a ela, no início da Guerra Civil.

• Procurar informação sobre "socialismo" e "anarquismo": idéias, métodos de luta, relações entre si.

• Procurar teştemunhos orais, pesquisar informações dos avós ou pessoas de sua idade.

### 2.º cartaz

a) Neste caso a tarefa de datar o cartaz está feita; situar a "frente de centro". Ler os nomes geográficos (Madri, Escorial, Alcalá de Henares, Aranjuez) e localizar num mapa a zona representada no cartaz.

b) Explicar, de acordo com o cartaz, as atividades desenvolvidas pelas "milícias da cultura".

c) Analisar e discutir se a fonte pode influir na orientação do cartaz e como. Refletir sobre o sentido propagandístico do cartaz e o porquê da necessidade desta propaganda.

d) Formular, como nos casos anteriores, as hipóteses possíveis a partir dos dados oferecidos pelo cartaz, tais como:

"Durante a guerra, a frente republicana desenvolveu muitas atividades culturais";

"Havia muitos soldados analfabetos nessa época";

"Isto permite considerar que a porcentagem de analfabetos na Espanha era muito alta";

"Para difundir suas idéias usavam rádio, cinema, jornais murais e alto-falantes";

"Era uma guerra de trincheiras";

CIÊNCIAS SOCIAIS NA ESCOLA 59

"Tentavam capturar soldados adversários";
"Pereccram muitos milicianos da cultura";
"O sindicato FETE estava muito comprometido na frente republicana com essa tarefa cultural".

e) Ampliar a informação, tratando de confrontar a aqui obtida com as respostas a questões que surjam, tais como:
Quem compunha as missões culturais?
Quem as sustentava economicamente?
Que funções tinham os "lares de soldado"? E os internatos militares?

*Testemunhos escritos*

1) *China no século XVIII*
(Extraído de Fernand Braudel, *Las civilizaciones actuales*, Madri, Editorial Tecnos, 1969, p. 196, citando P. de Halde, *Description géographique, historique, chronologique, politique et physique de l'Empire de Chine*, tomo 2, 1735.)
"Não obstante a sobriedade e diligência do povo chinês, a grande quantidade de habitantes provoca uma extrema miséria. Pode-se ver chineses tão pobres que, carecendo dos elementos necessários para alimentar seus filhos, os abandonam nas ruas, principalmente quando as mães se encontram doentes ou não têm leite suficiente para amamentá-los. Estes pequenos seres inocentes vêem-se assim condenados de certa maneira à morte, na aurora de suas vidas: isto chama a atenção nas grandes capitais como Pequim e Cantão, pois nas outras cidades as pessoas mal tomam conhecimento.
Este fato levou os missionários a instituir nesses lugares muito povoados um certo número de catequistas, que se dividem pelos bairros e os recolhem pela manhã para levar a bênção do batismo a uma multidão de crianças moribundas.

Com a mesma pretensão, convenciam, às vezes, parteiras infiéis a se deixarem acompanhar por jovens cristãs às diversas casas a que eram chamadas, porque é costume entre os chineses, quando não têm condições de manter uma família numerosa, contratar essas parteiras para afogar as meninas recém-nascidas em tinas cheias d'água. Estas jovens cristãs encarregam-se de batizá-las, encontrando assim, estas pobres vítimas da indigência de seus pais, a vida eterna nas mesmas águas que lhes tirariam uma vida curta e infeliz." Este texto, como todos os testemunhos, é trabalhado de forma relacionada com um assunto determinado da programação que, neste caso, poderia ser: "A expansão da civilização européia" ou "A China atual".

a) Observar de que tipo de texto se trata: uma descrição geográfica do século XVIII.

b) Observar que o autor é europeu e cristão e analisar como isto pode influir no texto. Verificar se, efetivamente, sua religião e origem influenciam ("as pobres vítimas da indigência de seus pais encontram a vida eterna nas mesmas águas que lhe tirariam uma vida curta e infeliz", "parteiras infiéis").

c) Explicar o significado dos termos que despertem dúvidas.

d) Resumir o texto e esquematizar suas idéias principais.

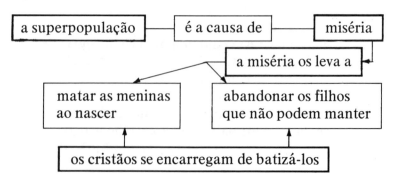

e) Analisar criticamente a forma de enfrentar a superpopulação e a atitude dos catequistas do ponto de vista da época e do atual. Levantar situações similares no mundo de hoje.

f) Formular hipóteses sobre a China do século XVIII:

"No século XVIII, a China já tinha um problema de superpopulação";

"A pobreza extrema levava as famílias a abandonar os recém-nascidos";

"Muitas meninas eram afogadas ao nascer";

"A vida da mulher era menos valorizada que a do homem";

"O cristianismo já tinha penetrado na China";

"Os missionários atuavam com a colaboração de catequistas";

"Os catequisadores se encarregavam de batizar as crianças antes de morrerem".

g) Formular perguntas e levantar dados que ampliem a informação:

Por que matavam as meninas?

Por que os catequisadores não tentavam salvá-las?

Que política adota a China atualmente para enfrentar o problema da superpopulação?

Que comparação pode ser estabelecida entre a "pobreza extrema" do século XVIII e a situação atual da China?

Como pode influir esse passado na mentalidade chinesa atual?

De que meios dispomos atualmente para evitar uma gravidez indesejada?

Que situações de "pobreza extrema" existem no mundo atual?

Como atua hoje o homem europeu frente à miséria e à morte de crianças em outros lugares do mundo?

## 2) Os pobres na Europa do século XVI

(Extraído de Fernand Braudel, *Las civilizaciones actuales*, Madri, Editorial Tecnos, 1969, pp. 359-360, citando *Documents inédits de l'Histoire de France*.)

"... A causa da intensa carestia do custo de vida e das dificuldades encontradas na aquisição de trigo e pão na cidade e jurisdição de Provins era a grande quantidade de pessoas que havia nela, das cidades e dos povoados de Bray, de Sens, de Auxerre..., de Borgonha, da Champagne, do Bourbonnais..., pessoas que se lançaram em multidão através de toda a região de Provins, alguns para comprar trigo e pão, outros para encontrar trabalho, sem pedir outra remuneração que o pão e a sopa que lhes garantiam o sustento...

... É impossível descrever o infortúnio e a pobreza dessa época miserável, e creio que todo aquele que ler esta ou qualquer outra história escrita sobre essa carestia e esse período de fome não conseguirá crer. Dentro das muralhas da cidade de Troyes, na Champagne, apareceu um grande número de estrangeiros pobres que não pertenciam à cidade nem à referida região, e os habitantes da cidade não sabiam que medida tomar. Para se desfazer deles fizeram proclamar pelas ruas que tais estrangeiros não poderiam permanecer na cidade mais do que vinte e quatro horas, medida acatada pelos estrangeiros pobres.

Porém, além deles, havia na cidade uma quantidade ainda maior de pobres que pertenciam à própria cidade e aos povoados que a circundavam, até o ponto em que os ricos começaram a temer que se produzisse uma revolta ou uma sublevação dos pobres contra eles e, visando conseguir expulsá-los da cidade, os homens ricos e os governadores da cidade de Troyes se reuniram em assembléia, dispostos a encontrar uma solução para o problema. A resolução deste conselho foi de que se tinha de expulsar os pobres da cidade e não admiti-los mais. Para tanto, mandaram assar pão em quantidade para distribuí-lo entre os pobres, os quais seriam reunidos numa das portas da cidade sem que soubessem o que se tramava e, distribuindo a cada um a parte correspondente de pão e uma moeda de prata, os fariam sair da cidade por aquela porta, que seria imediatamente fechada após passar o último dos pobres, e, por cima das muralhas, lhes diriam que fossem viver com Deus em outro lugar e que não mais voltassem à cidade de Troyes antes da colheita seguinte. E assim foi. Os pobres expulsos depois da distribuição se mostraram horrorizados e alguns deles, chorando, procuraram um caminho a tomar para chegar a algum lugar onde pudessem ganhar a vida, enquanto outros amaldiçoavam a cidade e seus habitantes que assim os expulsaram, olhavam o último naco de pão que lhes havia sido distribuído e desejavam sua própria morte, muitos ter-se-iam alegrado se a terra se abrisse sob seus pés e os tragasse.

Poucos dias depois que os habitantes de Troyes se fizeram valer dessa artimanha para se desfazer dos pobres da cidade, a doença e a morte caíram sobre eles tão violentamente que não houve maneira de escapar, e... há quem diga que esta morte lhes foi enviada por Deus como castigo por haverem expulsado os pobres."

Para as primeiras séries do ensino médio.

Deve-se seguir a orientação anteriormente enunciada, conveniente na análise de um texto histórico. Ao analisar o documento devem ser destacados os seguintes aspectos:

O trigo e o cereal constituíam a base da alimentação. Sua escassez ou carestia provocava grandes fomes. A fome provocava o deslocamento de habitantes dos povoados para as cidades e o deslocamento entre cidades. O pão e a sopa bastavam como alimento nesses momentos. As cidades procuravam formas de se verem livres dessas massas esfomeadas, por temer uma revolta contra os ricos.

Observar que as cidades eram cercadas de muralhas.

Captar o desespero dos expulsos.

Observar a idéia de "castigo divino" e de como as cidades estavam indefesas ante a doença e a morte.

Podem-se estabelecer comparações entre a narração do texto e o que ocorre atualmente na África ou outros lugares do Terceiro Mundo. Pode-se também comparar a atitude da cidade com relação aos imigrantes indigentes, com a situação atual dos imigrantes dos países mais pobres rumo aos países mais industrializados e a atitude destes frente a tal imigração. Podem ser feitas perguntas a serem respondidas em trabalhos posteriores de investigação bibliográfica ou imaginando as respostas, dependendo dos casos. Por exemplo:

O que fariam os famintos expulsos? Como conseguiriam alimento?

Quantos anos poderiam viver essas pessoas com esse tipo de alimentação?

Os ricos temiam a insurreição dos pobres. Houve nessa época alguma sublevação desse tipo?

Como viviam os ricos nessa época?

Como era a arte nesse século?

Há pinturas que reflitam a vida social européia nessa época?

3) *A expulsão dos ciganos no reinado de Filipe V*
(*Historia de España*, dirigida por Manuel Tuñon de Lara, tomo 12 ("Textos y documentos"), Barcelona, Editorial Labor, 1985, p. 49.)

D. Filipe V, em San Lorenzo, por resolução de 30 de outubro, em Conselho de 17 de setembro de 1745:

"Por quanto pela *pragmática* publicada em 14 de maio de 1717 e provisão de 8 de outubro de 1738 e outras ordens anteriores estão prevenidas e tomadas várias *pro-*

*vidências* em razão dos domicílios e vizinhanças dos que se denominam ciganos; e não tendo sido suficiente para refrear suas maldades, sendo conveniente aplicar o devido remédio, *à consulta de meu Conselho* de 17 de setembro passado, tomei a resolução de que todos os Comandantes Gerais, Intendentes e Corregedores de cabeças de província façam publicar pregões e editais, para que todos os ciganos, que fazem vizinhança nas cidades e vilas de suas jurisdições, sejam restituídos no término de quinze dias aos lugares de seus domicílios; sob a pena de serem declarados, passado este prazo, bandidos públicos, e de que, pelo fato de serem encontrados com ou sem armas fora dos limites de sua vizinhança, seja lícito, usar armas contra eles e tirar-lhes a vida: passado o referido prazo, se encarreguem estritamente os referidos Comandantes Gerais, Intendentes e Corregedores, por si mesmos ou por pessoas de integridade e de sua maior confiança que saiam com tropa armada, e se não as houver, com as milícias e seus Oficiais, acompanhados das rondas a cavalo destinadas ao resguardo das Rendas, a percorrer todo o distrito de suas jurisdições, fazendo as diligências necessárias para aprender os ciganos e ciganas que se encontrarem pelas vias públicas ou outros lugares fora de suas vizinhanças, e pelo fato da contravenção lhes seja imposta a pena de morte: em caso de se refugiarem em lugares sagrados, poderão ser extraídos e conduzidos aos cárceres mais imediatos e fortes, nos quais serão mantidos e se os Juízes eclesiásticos procederem contra as Justiças seculares, a fim de que sejam restituídos à Igreja, se valham dos recursos da força estabelecidos pelo Direito: declarando, como declaro, que todos os ciganos, que saírem de seus domicílios permanentes, sejam tidos por rebeldes, incorrigíveis e inimigos da paz pública: sendo como é minha vontade, todas as milícias que se empenharem em reconhecer, perseguir e castigar os ciganos de suas províncias, e os Oficiais que as mandarem, enquanto estiverem empregados, serão socorridos por minha *Real Fazenda* com o salário correspondente a sua manutenção. Encarrego ao Governador e aos de meu Conselho, que zelando pelo exato cumprimento dos Corregedores e Justiças nos explicados assuntos, sempre que reconhecerem ou justificarem extrajudicialmente sua negligência e omissão culpável, os mandem suspender de imediato de seu exercício, consultando-me no que for conveniente para separar de meu Real serviço semelhantes Ministros e dando por vago seu emprego, não possam ser consultados nem propostos".

Para o ensino médio.
*Atividades*
a) Situar temporalmente o texto, caracterizar o reinado de Filipe V.

b) Depois da primeira leitura, esclarecer o vocabulário (pragmática, providências, Conselho, Intendentes, Corregedores, editais, milícias, contravenção, lugares sagrados, Juízes eclesiásticos, Justiças seculares, Real Fazenda).

c) Após uma segunda leitura, resumi-lo oralmente.

d) Esquema das idéias principais:
Os ciganos têm 15 dias para fixar domicílio

Os que forem surpreendidos fora de seu domicílio serão

condenados à morte    declarados bandidos públicos

e) O caráter oficial do decreto permite deduzir afirmações tais como:
Os ciganos ainda persistiam em seu nomadismo.

As autoridades não toleravam tal nomadismo e os castigavam considerando-os bandidos públicos e matando-os.

CIÊNCIAS SOCIAIS NA ESCOLA

Existia a pena de morte.

Admitiam que as autoridades e milícias matassem os pretensos bandidos.

Onde não havia tropa armada participavam milícias.

A Fazenda Real sustentava economicamente essa atividade repressiva.

Os ciganos eram considerados rebeldes, incorrigíveis e inimigos da paz pública.

f) Formular perguntas, como por exemplo:

Quem eram os ciganos? Quando haviam chegado?

Já se haviam tomado medidas repressivas contra seu modo de vida?

Por que persistia seu nomadismo?

Por que esse nomadismo perturbava as autoridades?

Que sentimentos despertavam nos ciganos essas medidas?

Qual é sua situação atual?

Existem preconceitos contra eles?

Como pode ter influenciado a mentalidade cigana um passado como o que evidenciam esses documentos?

g) Realizar atividades posteriores para confrontar e ampliar a informação procurando as respostas em livros, recortes de jornais, relatos orais sobre a atual situação do povo cigano, estatísticas sobre o tema, observação de cenas de rua (mendicância, venda ambulante), ouvir discos, realizar debates, etc.

4) *Programa do PSOE em 1879*

(Extraído de *História de España*, dirigida por Manuel Tuñon de Lara, tomo 12 ("Textos y Documentos"), Barcelona, Editorial Labor, 1985, p. 246-247.)

"Considerando que a sociedade atual tem por fundamento o antagonismo de classes;

Que este alcançou em nossos dias seu maior grau de desenvolvimento, como revela claramente o número cada vez mais reduzido dos imensamente ricos e o sempre crescente dos imensamente pobres;

Que a exploração que exercem aqueles sobre estes se deve unicamente à posse da terra pelos primeiros, tal como das máquinas e demais instrumentos de trabalho;

Que tal posse está garantida pelo poder político, hoje em mãos da classe exploradora, ou seja, da classe média.

Por outro lado:

Considerando que a necessidade, a razão e a justiça exigem que o antagonismo entre as classes desapareça, reformando ou destruindo um estado social que mantém na mais espantosa miséria os que empregam sua vida toda em produzir a riqueza que possuem os que pouco, ou nada, são úteis à sociedade;

Que isto não pode ser conseguido senão de um só modo: abolindo as classes e com elas os privilégios e as injustiças que atualmente reinam e criando em seu lugar coletividades operárias unidas entre si pela reciprocidade e interesse comum;

Que as transformações da propriedade individual em propriedade social ou da sociedade inteira é a base firme e segura em que há de repousar a emancipação dos trabalhadores;

Que a poderosa alavanca com que estes haverão de remover e destruir os obstáculos que se oponham a essa transformação da propriedade há de ser o Poder político, do qual se vale a classe média para impedir a reivindicação de nossos direitos.

Por todas estas razões, o Partido Socialista Operário Espanhol declara que sua aspiração é:

Abolição de classes, ou seja, emancipação completa dos trabalhadores. Transformação da propriedade individual em propriedade social ou da sociedade inteira. Posse do Poder político pela classe trabalhadora.

E como meios imediatos para nos aproximarmos da realização deste ideal, os seguintes:

Liberdade política. Direito de coalizão ou legalidade das greves. Redução de horas de trabalho. Proibição do trabalho de crianças menores de nove anos, e de todo trabalho pouco higiênico ou contrário aos bons costumes para as mulheres. Leis protetoras da vida e da saúde dos trabalhadores. Criação de comissões de vigilância, eleitas pelos operários, as quais visitarão as moradias que estes habitem, as minas, as fábricas e as oficinas. Proteção às Caixas de auxílio mútuo e pensões aos inválidos pelo trabalho. Regulamento de trabalho das prisões. Criação de escolas gratuitas para o ensino primário e médio e de escolas profissionais em cujos estabelecimentos a instrução e educação sejam laicas. Justiça gratuita e júri para todos os delitos. Serviço militar obrigatório e universal e milícia popular. Reformas das leis de inquilinato e despejo e de todas aquelas que tendam diretamente a lesar os interesses da classe trabalhadora. Aquisição pelo Estado de todos os meios de transporte e de circulação, bem como das minas, bosques, etc..., e concessão de serviços destas propriedades às associações operárias constituídas ou que se constituam para esse efeito. E a todos aqueles meios que o Partido Socialista Operário Espanhol determine de acordo com as necessidades dos tempos."

Madri, 9 de julho de 1879 — Alejandro Ocina, Gonzalo H. Zubiaurre, Victoriano Calderón, Pablo Iglesias.

Para o ensino médio.

É conveniente que este texto seja analisado posteriormente ao estudo, em termos gerais, das correntes de pensamento e ação revolucionária que surgiram, no século XIX, como resposta às condições de vida impostas pelo capitalismo, especialmente o marxismo, para poder relacioná-lo com o conteúdo deste documento. Como não oferece dificuldades de vocabulário e é bastante simples, os alunos podem analisá-lo de forma autônoma, individualmente ou em grupos. Poderiam utilizar um roteiro de trabalho, do seguinte tipo:

A) leia o texto sublinhando as palavras cujo significado não esteja claro. Procure-as no dicionário. Consulte o professor se tiver dificuldade;

B) volte a ler o texto. Procure expressar oralmente o que lembrar dele;

C) tendo lido mais detalhadamente, responda a estas perguntas:

a) de acordo com o texto, em que se fundamenta a sociedade capitalista?

b) a que se devem a exploração e a miséria sofridas pelos pobres?

c) complete o quadro abaixo de acordo com o proposto pelo texto:

|  | A sociedade em 1879 tinha estas características | Propostas a longo prazo para solucionar a exploração e a miséria (PSOE) |
| --- | --- | --- |
| Quanto às classes sociais |  |  |
| Propriedade dos meios de produção |  |  |
| Poder político |  |  |

CIÊNCIAS SOCIAIS NA ESCOLA

d) o texto propõe certas aspirações a longo prazo e algumas medidas imediatas para aproximar-se desse ideal. Enuncie-as:

| Aspirações | Medidas imediatas |
|---|---|
| | |

e) que teoria influencia este texto e em quê?

f) como avalia a classe média?

g) de acordo com as medidas propostas, pode-se entender a realidade da Espanha no século XIX. Por exemplo: se pediam "legalidade das greves" é porque estas não eram legais nesse momento. Enuncie outras situações que possam ser deduzidas dessa maneira;

h) analise o programa, medida por medida, e responda em cada caso:

qual é a realidade espanhola atual a esse respeito? O que falta hoje conseguir?

i) você está de acordo com esse programa? Em quê? Em que não está? Por quê?

Depois de concluído este trabalho dirigido pode-se realizar outras atividades, como debates sobre o programa exposto, sobre o PSOE atualmente ou a realidade espanhola atual com relação a este programa, comparação de programas de partidos políticos de esquerda e de direita, elaboração de cartazes com os quais eles fariam propaganda a favor ou combateriam estas idéias, leituras de ampliação, um mural coletivo sobre "A classe operária no século XIX".

# Atividades: o estudo da História partindo da realidade mais imediata

Muitas vezes ouvimos que o objetivo da História, dentro do programa escolar, é a compreensão do presente, ou seja: conhecer o passado do homem mas com um objetivo: que esses conhecimentos possam ser aplicados na compreensão das circunstâncias atuais. Porém, na verdade, essa transferência do passado para o presente não ocorre facilmente e a História acaba se detendo apenas no estudo de fatos passados, cuja conexão com o presente não fica clara para os alunos. Este é principalmente o caso da tradicional história factual, uma História de fatos políticos e militares cuja relação com a atualidade é difícil de ser vista pelos alunos, uma História de heróis e reis, que não se coaduna com a experiência política e social de garotos da classe popular, experiência que, não obstante, é imprescindível considerar como alicerce sobre os quais eles poderão construir seu próprio conhecimento histórico.

Para remediar esses males, há anos vimos propiciando o ensino da História das estruturas sócio-econômicas para permitir aos alunos ver como e por que as formas de produzir, viver e pensar têm se transformado através do tempo. Mas ainda neste caso, comprovamos que a História pode ser uma matéria fria e distante se

CIÊNCIAS SOCIAIS NA ESCOLA

não nos esforçarmos em avivá-la e dar-lhe cor. Mesmo neste caso os alunos não farão a relação com o presente se o professor não utilizar recursos que propiciem o estabelecimento dessa relação.

Alguns desses recursos são, por exemplo:

1) levar em conta, ao selecionar os conteúdos de nossa programação, este objetivo da História de ser a memória do passado do homem para compreender o presente e priorizar, então, os conteúdos que confiram aos alunos essas ferramentas intelectuais;

2) trabalhar visando a aquisição dessa transferência, mostrando ou ajudando a descobrir a possível vinculação com a atualidade, que se pode dar de diversas formas:

• descobrindo uma relação direta de causa-efeito;

• descobrindo raízes distantes que, através de um processo de mudança, se tenham derivado na realidade atual;

• comparando permanentemente o passado com o presente, percebendo o que mudou e o que permanece igual;

3) que possam conhecer como o povo vivia, trabalhava e se divertia, vendo que ele também é protagonista da História;

4) relacionar, sempre que possível, a História com a experiência vivida por eles. Isto pode ser feito através de diversos meios, como:

• *iniciar o programa com um panorama da atualidade*, colocando a partir dele uma série de perguntas que, para não serem esquecidas, podem estar escritas em cartazes pela sala. Por exemplo:

Qual a origem dos nossos costumes e do nosso idioma? Por que temos uma cultura diferente da de outros países? Por que há países muito industrializados e outros praticamente nada industrializados? Por que há países ricos e países pobres? Por que há greves? Qual a diferença entre os partidos de esquerda e os de direita? Como se configurou o atual mapa da Europa? Como se formaram as duas grandes potências?...

Há experiências interessantes de História retrospectiva, que visam um objetivo similar a este. Porém, uma programação de História dificulta muito, talvez, a compreensão dos processos paulatinos de mudança que vão sendo operados e que serão melhor percebidos se as etapas forem estudadas na ordem em que transcorreram. Devemos lembrar que, em qualquer enfoque ou método que optemos, deve-se ter em vista que o aluno adquira um esquema do passado, um esqueleto das sucessivas etapas fundamentais, que é o que lhe permite a aquisição da noção de "tempo histórico".

• *partir da experiência mais imediata ao aluno*, por exemplo: da história local e, no caso que veremos, da história da própria família. Estas duas formas têm a vantagem de permitir que os alunos possam realizar a experiência de investigar e escrever por si mesmos a História, com toda a riqueza que isso supõe. As experiências expostas a seguir são ensaios que visam o encontro da forma como os alunos devam escrever História, partindo da realidade que melhor conhecem.

1) *História de nossas famílias*
*Idade*: curso de História Contemporânea, ensino médio, 15-16 anos.
*Objetivos*
(É importante esclarecer que os objetivos apontados para as diferentes experiências expostas são os objetivos que levaram o *professor* a idealizar e realizar essa atividade com os alunos.)

• Compreender que a História é a ciência do homem no tempo, mesmo daqueles homens mais próximos de nós cuja vida não aparece registrada nos manuais de História.

CIÊNCIAS SOCIAIS NA ESCOLA 75

- Na análise de uma situação histórica, tratar de partir daquela situação mais imediata, que os alunos possam conhecer por si mesmos e sentir como sua, tornando-se a História mais vivencial.
- Acostumá-los a observar a realidade que os rodeia e a refletir a partir dela.
- Dar-lhes a oportunidade de escrever a História por si mesmos.
- Ajudá-los a observar como a História de suas famílias e a sua própria se inserem num contexto mais geral: na História de seu próprio país e em processos supranacionais, e, ao contrário, tornar-lhes mais próxima e acessível a História dos grandes processos.

*Desenvolvimento*

Esta experiência se desenvolveu de duas formas, em diferentes momentos e cursos.

*Variante A*

a) A "História de nossas famílias" foi o assunto inicial de um curso de História Contemporânea. Partiu-se da tentativa de motivá-los a escrever individualmente um folheto com a História de sua própria família, ampliando-a retrospectivamente até onde tivessem dados. Apesar de este trabalho ter sido individual e de ter sido realizado fora do horário de aula, lhe foi dedicado um tempo para observar que fontes poderiam utilizar: testemunhos orais: conversas com os pais e avós; testemunhos visuais: fotografias, postais, álbuns de recordações; testemunhos escritos: cartas, documentos familiares (passaportes, contratos, escrituras, etc.), utensílios, móveis, roupas, etc. Também é conveniente, enquanto se realiza o trabalho enunciado nos pontos seguintes, intercalar momentos dedicados a estes folhetos, para resolver dúvidas, apreciar o curso dos trabalhos e, principalmente, comunicar aos demais companheiros certos achados ou aspectos originais que possam ser estimulantes para o resto do grupo.

b) Simultaneamente, enquanto cada um investigava e escrevia a História da própria família, realizou-se outra tarefa: uma pesquisa sobre as famílias dos alunos, em três gerações. Nesta pesquisa se sondavam dados sobre os seguintes aspectos, comparando sempre as três gerações — os avós, seus pais, eles e seus irmãos:

- lugar de residência e migrações;
- emigração: quantos e para onde (neste caso ampliaram-se os dados também aos irmãos dos avós, aos tios e primos);
- analfabetismo;
- grau de escolarização;
- situação da mulher (nível escolar, ocupações);
- natalidade;
- mortalidade infantil;
- ocupações e ofícios;
- nível de vida (moradia, carro, eletrodomésticos, férias);
- mudanças experimentadas pelas três gerações em alimentação, vestuário, transportes e diversões;
- greves;
- situação da família na guerra civil e no pós-guerra.

Essa pesquisa se efetuou da seguinte maneira:

- cada aluno sondava os dados de sua família;
- em aula, se realizou a recontagem, ponto por ponto, dos dados de cada aspecto, por exemplo: entre tantas avós, tantas tiveram um filho, dois, três, quatro, cinco filhos ou mais. Trabalhou-se principalmente com percentuais, gráficos cartesianos e mapas para mostrar os deslocamentos;

- com base na estatística analisada em aula, cujos dados eram anotados na lousa e nos cadernos, tiraram-se conclusões através de um diálogo coletivo. Assim foi possível elaborar um resumo, no qual se notou que a quase totalidade da classe provinha de famílias que haviam emigrado de povoados para Madri: da Andaluzia, Castilla-la-Mancha, Castilla-León e Extremadura; que muitos tinham familiares que emigraram para a América (na geração dos avós) e para a Alemanha, França, Suíça e Bélgica na geração dos pais; comprovou-se a diminuição no número de analfabetos de geração para geração, o crescimento no nível de escolarização, mudança profissional de tarefas rurais para urbanas; na geração dos pais, o decréscimo da natalidade e da mortalidade infantil, etc.

c) Sobre os dados levantados, formulou-se uma lista de questões tendentes a colocar o porquê de se terem produzido tais mudanças e acontecimentos. Por exemplo: por que os habitantes dos povoados da Andaluzia, Castilla-la-Mancha, Castilla-León e Extremadura vieram trabalhar em Madri? Por que diminuiu a natalidade? Por que havia tantos analfabetos na geração de nossos avós? Por que emigrou tanta gente? Por que na geração de nossos pais se emigrou para a Europa (Alemanha e França, principalmente) e não para a América? Por que houve uma guerra civil? Em cada variação e característica observada foi colocado o porquê de ter ocorrido de tal maneira.

d) Dividindo a classe em pequenos grupos e repartindo entre eles os assuntos da estatística analisada, cada grupo transferiu os dados, as conclusões da análise e os porquês finais para cartolinas grandes, em que registraram tudo o que lhes interessou: desenhos, recortes, mapas, etc. Com todas as cartolinas juntas se elaborou uma espécie de livro ao qual voltariam repetidas vezes ao longo do curso.

## MARÍA TEREZA NIDELCOFF

e) A partir daí desenvolveu-se a programação dos temas de História, em sua ordem cronológica normal, começando, neste caso, do século XVII, de acordo com a programação determinada pelo instituto no qual ocorreu a experiência. Ao concluir o estudo *global* de cada etapa histórica ou temas centrais, voltava-se ao "livro" elaborado e reliam-se os porquês formulados. Se os alunos notavam que haviam obtido dados que servissem para responder alguma pergunta tomavam nota embaixo. Por exemplo: ao estudar a Revolução Industrial, viram que os países e regiões que primeiro se industrializaram foram os centros para os quais emigraram os habitantes das regiões menos ou nada industrializadas; isto serviu para anotar um dado nas questões: por que nossos pais emigraram para Madri? Por que tantos familiares nossos emigraram para a Alemanha e a França?

f) Ao finalizar o curso, organizou-se novamente a classe em grupos, e cada um deles retomou sua página ou suas páginas do "livro" e, trabalhando em grupos, procuraram dar, finalmente, as respostas aos porquês, através do que haviam anotado ao longo do curso e de um trabalho de investigação bibliográfica (dentro dos limites do material disponível) que realizaram sobre a evolução histórica nos séculos XIX e XX. Com as respostas, passando novamente os dados para as cartolinas, completaram o "livro" iniciado no começo do curso.

### Tempo empregado

duas aulas dedicadas aos livros individuais sobre as famílias;

oito aulas em pesquisa sobre a família, estatísticas e conclusões;

oito aulas em investigação bibliográfica e resumos finais sobre as questões colocadas.

## Observações

• A parte mais difícil desta atividade foi a de responder às questões, mais durante o desenvolvimento das diferentes etapas do processo histórico do que na investigação bibliográfica final, pois a falta de uma formação histórica mais ampla dificultava a compreensão das influências de realidades distantes no tempo sobre a realidade atual. Isto foi resolvido com uma maior participação do professor, explicando as conexões que os alunos não percebiam sozinhos.

• Como é normal quando se propõe a realização de uma experiência deste tipo, surge o problema da programação e do tempo. Como já foi dito, uma metodologia ativa pressupõe a seleção de menos conteúdos para a aprendizagem (não para uma mera transmissão). Neste caso a falta de tempo foi suprida através de um desenvolvimento mais global e sintético do resto do programa.

### Variante B

Pontos *a* e *b*: similares à variante A, desenvolvendo-se de diferente maneira, de acordo com as conclusões sobre as estatísticas das famílias dos alunos.

A partir daí trabalhou-se do seguinte modo:

c) a classe foi dividida em pequenos grupos, e a cada grupo foi entregue um dossiê com material estatístico sobre:

• Espanha no século XX;
• países industrializados;
• países do Terceiro Mundo.

Também lhes foi entregue um roteiro de trabalho. Antes de começar o trabalho em grupos, foi dada uma aula explicativa sobre como manejar o material do dossiê e interpretar as diferentes maneiras de expressão dos dados. Partiu-se então para o trabalho em grupos, com a ajuda constante do professor, pois estavam diante de um trabalho no qual não tinham experiência;

d) a primeira etapa deste trabalho em grupos com roteiro consistiu em analisar as características da realidade espanhola no século XX e sua evolução, com os mesmos itens que haviam trabalhado na estatística da família: migrações, emigrações, relação entre população urbana e rural, distribuição ocupacional da população, analfabetismo, escolarização, natalidade, mortalidade infantil, participação da mulher no mercado de trabalho, consumo, etc.;

e) posteriormente, compararam estes dados com os resumos de suas famílias (pontos *a* e *b*), constatando as coincidências das tendências. As conclusões das histórias familiares podiam agora estender-se e começar a ser consideradas como características da História social da Espanha no século XX;

f) em seguida compararam, sempre nos mesmos aspectos, os dados da Espanha com os países mais prematuramente industrializados e com o Terceiro Mundo, o que lhes permitiu tirar uma série de conclusões, como o decréscimo da natalidade ter ocorrido antes nos países que se industrializaram primeiro, como o comportamento espanhol atual a este respeito é similar ao dos países industrializados e como, em compensação, as taxas de natalidade se mantêm altas no Terceiro Mundo. E assim, aspecto por aspecto;

g) os grupos chegaram a um acordo, realizaram correções, comentários e extraíram conclusões;

h) nessas conclusões destacou-se o processo de industrialização como processo central que modificou uma série de variáveis: alterou a distribuição de empregos da população, produziu um processo de urbanização, movimentos migratórios e emigratórios e uma variação geral do comportamento da população. Para começar a explicar, então, as causas do que havia sido observado, in-

CIÊNCIAS SOCIAIS NA ESCOLA 81

troduziu-se o estudo do programa de História Contemporânea a partir, precisamente, da Revolução Industrial. Ao longo do resto do curso, tratou-se, em cada tema, de que os alunos captassem as conexões entre a realidade que haviam constatado na História Contemporânea da Espanha e a História de suas famílias.

*Tempo empregado*

— oito aulas em pesquisa, análise dos dados e conclusões;

— uma aula em introdução do trabalho a ser realizado posteriormente em grupos, comparando os dados da História familiar com os da Espanha, países industrializados e Terceiro Mundo;

— seis aulas realizando o trabalho de comparação antes indicado, em grupos;

— três aulas, acordo de grupos, conclusões, correções e comentários.

2) *Escrever a biografia dos pais*
*Idade*: cursos de EGB* (ensino primário).
*Objetivos*
• Realizar uma experiência simples de investigação histórica, partindo de sua realidade mais imediata.

• Iniciá-los num conceito de História que valorize a vida e as lutas de todos os homens, em contraposição a uma História tradicional de heróis, guerreiros e monarcas.

---

(*) *EGB* (*Enseñanza General Básica*): corresponde ao primário completo, equivalente no Brasil ao 1º grau, 1ª a 4ª séries. (N. T.)

# MARÍA TEREZA NIDELCOFF

• Valorizar o trabalho e o esforço dos homens e mulheres da classe popular para manter um lar.

*Tempo*: aproximadamente dez aulas.

Pode ser coordenado com o curso de comunicação e expressão.

## Desenvolvimento

a) Apresentação da tarefa a ser realizada: explicar em que consiste, mostrar alguns livros, se a experiência já tiver sido realizada em algum curso anterior, colocar exemplos práticos de como utilizar alguns testemunhos do tipo dos que podem empregar para realizar seu trabalho, procurar despertar entusiasmo ante a proposta de investigação, explicar o método que será empregado.

b) A partir daí, trabalhar individualmente com roteiros do seguinte tipo:

— para investigar a história do seu pai e poder, então, escrever um livrinho, você deve ter claro de que partes ou *capítulos* este se constituirá. Por exemplo, podem ser:

• a família do seu pai, o lar de seus avós (pais de seu pai), o nascimento...

• sua infância: seus jogos, estudos, piadas, fatos ocorridos;

• sua juventude: o que fazia, se estudou ou não e por que, os amigos e diversões, o serviço militar...

• seu primeiro trabalho: onde, quando, como foi...

• diferentes trabalhos que teve até agora: qual era seu ofício, por que mudou de emprego, se esteve desempregado...

• o trabalho atual: o que faz, o que produz ou que serviço presta, como se sente nessa fábrica, escritório, recinto comercial...

## CIÊNCIAS SOCIAIS NA ESCOLA

- o encontro com sua mãe: como se conheceram, o noivado, formação do casal...

- o novo lar: casas ou apartamentos onde moraram, os filhos, alegrias e problemas da nova família...

- atualmente: sua vida, seu trabalho, seus *hobbies*, as coisas que lhe agradam, seus costumes, seus problemas, suas ilusões...

— em cada capítulo, você deve seguir as seguintes etapas:

- reunir todo o material que encontrar;
- ordená-lo;
- redigi-lo no rascunho;
- corrigi-lo com o professor;
- passá-lo a limpo.

— para obter dados, você deve interrogar principalmente as *pessoas que podem lhe contar coisas* sobre a infância e juventude de seu pai, tais como seus avós, seus tios, sua mãe, amigos de seu pai, seu próprio pai.

— a estas notas recolhidas, você pode acrescentar dados obtidos em *fotografias*. Em cada *fotografia*:

- trate de determinar a data aproximada;
- descreva-a: quem figura nela, em que atitude, em que lugar;
- anote tudo o que puder apreender sobre a época da foto, por exemplo: a roupa, o calçado, o que se vê ao fundo (um quadro, a sala de aula de um colégio, uma casa popular, etc.), as pessoas que acompanham seu pai, quem são, que relação tinham com ele, etc.

Incorpore os dados que tiver obtido ao resumo do capítulo correspondente.

No momento de passá-lo a limpo, poderá colar as fotografias no livro e redigir abaixo de cada uma delas uma frase explicativa.

— em sua casa ou na casa de seus avós você poderá encontrar mais coisas que poderão servir de *testemunhos*:

| Testemunhos | Servirão para saber |
|---|---|
| Convite de casamento | quando foi, onde, como se festejou |
| Relação dos empregos | que empregos teve, quanto ganhava |
| Escrituras de compra de casas/apartamentos | em que condições foi comprado o apartamento/casa |
| Contratos de aluguel | em que apartamentos ou casas habitaram e em que condições |
| Faturas diversas | que importantes compras fizeram, a que preços, em que condições |
| Livro de família | datas de nascimento dos filhos |
| Certificado de reservista | onde e quando cumpriu o serviço militar |
| Certificados de estudos | estudos realizados, onde, quando |
| Discos velhos | a música de que ele gostava em sua juventude |
| Recordações de todo tipo | coisas que foram importantes para seu pai |

— redija um capítulo explicando todas as *diferenças* que observa entre a época da infância de seu pai e a sua;

— você pode ilustrar os capítulos com seus desenhos, representando como imagina as cenas ou fatos que lhe foram narrados. Procure ser fiel nos detalhes da época em que transcorre a cena, na roupa, calçados,

moradia, lugar, etc. Para isso pode pedir ajuda às mesmas pessoas com as quais conversou para obter os dados;
— monte o livro com índice e capa.

c) Exposição de trabalhos para a classe, leituras e intercâmbios.

*Observações*

• Com o mesmo esquema, adaptando o roteiro, pode-se escrever a biografia da mãe e outros familiares.

• Dentro do programa de curso, pode ser o primeiro tema de história, para ver de uma forma vivencial o objeto e métodos desta disciplina.

3) *Biografia de um pai: montagem audiovisual*
*Idade*: 14-15 anos.
*Objetivos*
Os mesmos do caso anterior e, especificamente, a compreensão e a expressão dos problemas trabalhistas e sociais dos adultos do meio em que se desenvolveu esta atividade.

*Tempo*: 9 ou 10 horas de aula, mais o tempo empregado pelas equipes que trabalharam com fotografias e desenhos de diapositivos e na gravação do texto.

*Desenvolvimento*

a) Em primeiro lugar, os alunos recolheram dados, numa pesquisa sobre seus pais:
• idade;
• local de nascimento;
• locais onde viveu antes de chegar ao bairro atual;
• estudos realizados;
• trabalhos que desempenhou;

- trabalho que desempenha atualmente;
- causas das mudanças de emprego;
- se esteve em greve, com que recursos contou neste caso;
- idade aproximada em que se casou (legal ou informalmente);
- quando e por que se mudou para o bairro atual;
- condições de sua moradia;
- principais problemas que enfrenta atualmente.

b) Elaboração do resumo dos dados obtidos, através dos quais se pôde caracterizar um adulto do tipo que correspondesse às características da maioria dos pais. Tratou-se então de descrever esse adulto que seria o protagonista da montagem e que poderia representar a realidade do conjunto de pais:

- um trabalhador manual de 40 a 45 anos;
- nascido em áreas rurais e emigrado para a cidade;
- com estudos primários, geralmente incompletos;
- que conheceu períodos de greve nos quais passou por sérias dificuldades;
- que contraiu matrimônio com uma mulher de condições similares, que não trabalhou fora do lar ou que deixou de fazê-lo ao casar-se e ter filhos;
- que não teve militância política ou sindical, centrando seus esforços em manter a família, especialmente em fazer a moradia mais habitável;
- os problemas atuais são: manter a família com sua única renda, a moradia que é insuficiente, as dificuldades para dar estudo aos filhos e o fantasma do desemprego.

c) Reflexão e diálogo sobre o que essa biografia sugere e os problemas sociais levantados:

- o problema do acesso à moradia;
- o desemprego como realidade e ameaça;
- o baixo nível de capacitação;

- as dificuldades econômicas dos lares que dependem da renda de uma só pessoa;
- a falta de infra-estrutura dos bairros;
- os problemas de desarraigamento derivados da migração campo-cidade, etc.

d) Junto a essa caracterização do protagonista, foram recolhendo anedotas e acontecimentos da vida de alguns pais, para dar mais vida ao personagem: engodos provocados pela imobiliária na compra da moradia, o devaneio do primeiro filho, seu gosto pelo futebol, conflitos com seu pai autoritário na juventude, uma inundação sofrida pelo bairro com conseqüente prejuízo econômico, etc. Assim, o personagem ficou muito mais vivo que o primeiramente caracterizado.

e) Redação do roteiro: a classe foi dividida em grupos, responsabilizando-se cada um deles por uma parte do roteiro e da sugestão das fotografias adequadas, propondo lugares e cenas.

f) Uma equipe, formada por um grupo de alunos, um pai que era fotógrafo e o professor, decidiu os temas a serem fotografados para ilustrar o roteiro e realizou a tarefa. Alguns diapositivos foram extraídos de revistas e jornais. Outra equipe desenhou alguns em papel vegetal, com títulos, cifras, dados e frases.

g) Diante dos diapositivos, as equipes retocaram o roteiro para adaptá-lo às imagens.

h) Gravação do texto e música.

*Observações*

- Essa montagem foi apresentada numa reunião de pais e seu conteúdo foi tema de um debate entre eles.

Assim, pôde ser o ponto de partida para o estudo de problemas sociais contemporâneos, para o estudo comparativo de duas gerações ou das condições de vida dos trabalhadores no começo da Revolução Industrial e na atualidade.

- Também é importante ressaltar que, em experiências deste tipo, é didático procurar obter a maior qualidade possível, mas por outro lado, o valor da experiência não está na qualidade do produto obtido mas nas atividades realizadas, na aprendizagem alcançada e, acima de tudo, nas questões colocadas e nas inquietações despertadas. É importante esclarecer isto porque realizar as primeiras experiências com materiais cujo uso correto supõe um processo de aprendizagem mais longo, incide, necessariamente, na qualidade do produto obtido.

- É muito útil aproveitar os recursos disponíveis no meio; neste caso, um pai que conhecia muito de fotografia colaborou com a experiência.

# Atividades relacionadas com o meio

O estudo do meio como ponto de partida no ensino da geografia é uma proposta antiga e ao mesmo tempo mal integrada à experiência cotidiana de nossos colégios e institutos. Rousseau, em *Emilio*, já aconselhava a não partir do atlas, mas da observação direta dos fenômenos, e sugeria inúmeros exemplos, entre os quais passeios e excursões, que o mestre realizava com seu discípulo. No mesmo sentido insistiu o movimento da "escola nova". Também na pedagogia de Celestin Freinet a observação da realidade imediata e a expressão das crianças através desta teve um papel relevante.

De outro ângulo, ainda no terreno da geografia como ciência, são abundantes as recomendações no sentido de partir do estudo do meio, como forma de utilizar a observação direta como método básico no estudo da Geografia. Mariano Zamorano: "A geografia é uma ciência concreta e o ideal seria submeter constantemente os fatos à observação direta. É óbvio, não obstante, que esta ambição é irrealizável, dada a vastidão do mundo em que habitamos, além de dificuldades de outro tipo. Isto faz ver claramente a enorme importância que tem o estudo do local para satisfazer a essa exigência metodológica. Deve-se dar-lhe uma atenção fundamental... como fator de aproximação mental na aquisição de outros conhecimentos não diretamente observáveis".[11] Em termos similares expressam-se os autores do *Método para o ensino de Geografia*, da UNESCO.[12]

Com relação às diretrizes pedagógicas que tentamos expor neste livro, o estudo do meio tem valores similares aos expressos no capítulo anterior, sobre o ensino da História, vinculando-a à realidade imediata do aluno. Trata-se, também neste caso, de acostumar os alunos a observar a realidade e a pensar a partir do que eles mesmos observam, em contraposição ao princípio da alienação que supõe uma instrução repetitiva e puramente livresca, que nunca lhes proverá meios para compreender suas circunstâncias sociais e históricas, nem a eles mesmos dentro desse contexto.

Se tantas vozes apóiam esta metodologia e há tanto tempo, é oportuno indagar-se sobre o porquê de sua não introdução em nossas escolas como método habitual de trabalho. Creio que a principal dificuldade se encontra em nós, professores, que, devido a nossa formação num ensino tradicional e retórico, carecemos muitas vezes das experiências previamente necessárias para nos lançarmos na projeção de um estudo integral do meio, o qual, por outro lado, deveríamos conhecer muito bem, o que não é freqüente nas grandes cidades, onde nós, professores, realizamos grandes deslocamentos de nossos domicílios a nossos locais de trabalho. Isto sem falar da dificuldade daqueles que precisam mudar freqüentemente de escola. No ensino médio se acrescenta a dificuldade do parcelamento do horário, o que diminui as possibilidades de passeios pelo bairro, cidade ou po-

(11) Zamorano, M., *La enseñanza de la geografia en la escuela secundaria*, Buenos Aires, Eudeba, 1965, p. 12.

(12) UNESCO, *Método para la enseñanza de la Geografia*, Colécion "Programas y métodos de enseñanza", Barcelona, UNESCO/TEIDE, 1966, pp. 56-57.

CIÊNCIAS SOCIAIS NA ESCOLA 91

voado. Ao nível do ensino médio deve-se levar em conta também que o ambiente do colégio não corresponde, em muitos casos, ao meio dos alunos, que vêm de outros bairros, que podem ter características muito diferentes. Está claro que não se trata de uma atividade fechada em si mesma, mas que o estudo do meio é o ponto de partida para chegar a conhecimentos mais amplos:

1) a possibilidade de comparar seu meio a outros diferentes, o que permitirá que os alunos captem a relação do homem com a paisagem;

2) a aquisição de métodos de observação e de registro dos fatos e situações;

3) a aquisição de um vocabulário geográfico;

4) o domínio do trabalho cartográfico, partindo do plano e do esboço para a carta e o mapa;

5) na etapa da qual estamos nos ocupando (12-16 anos), os alunos devem incorporar à simples descrição uma tentativa de explicar o *como* e o *porquê* das coisas.

No manual da UNESCO antes citado, mencionam-se três etapas necessárias no trabalho sobre o terreno:

1) a observação do que está à vista;

2) a descrição dessa observação num mapa ou caderno;

3) a interpretação do que foi anotado.[13]

As limitações do meio como unidade de estudo se ampliam mais e mais à medida que o aluno vai realizando deslocamentos mais longos e se inter-relacionando com realidades mais afastadas do reduzido círculo de sua primeira infância, em sua vida cotidiana. Esta idade, 12-16 anos, é exatamente a que marca de forma clara a ruptura com esse meio reduzido e familiar, quando por razões de estudo ou diversão (cinemas, discotecas, piscinas, etc.) começa a freqüentar, independentemente de seus

(13) *Método para o ensino de Geografia*, UNESCO/TEIDE, p. 60.

92 MARÍA TEREZA NIDELCOFF

pais, lugares afastados de sua casa e que, por sua relação habitual com eles, passam a integrar seu novo meio.

Um estudo sobre o meio pode ser projetado de uma maneira integral ou parcial:

• estudo integral: abarca a descrição e explicação de todos os aspectos da área delimitada para tal efeito: solo, clima, construções, serviços, cultivos, fábricas, comércios, moradias, ruas, transportes, centros de diversão, instituições culturais e educativas. Há bibliografia abundante descrevendo estudos deste tipo.

• estudo parcial: encara-se o estudo somente sob um aspecto, por exemplo: "O clima", "O abastecimento", "A distribuição ocupacional dos habitantes"...

No primeiro caso pode-se fazer uma experiência de integração com Ciências Sociais como eixo da programação, mas integrando as demais áreas: Ciências Naturais, Matemática e Comunicação e Expressão. As dificuldades colocadas, farão com que fique fora do alcance de muitos professores, que deverão se conformar com experiências menos ambiciosas, como:

• estudos parciais do meio;

• conciliar algumas saídas em grupo com observações dirigidas que os alunos podem fazer por conta própria, fora do horário de aula.

1) *Estudo das zonas urbanas das quais provêm os alunos*

*Idade*: ensino médio.

*Objetivos*

a) Conhecer as diversas zonas urbanas das quais os alunos afluem para a escola.

b) Adquirir o hábito de observar e ponderar a partir do que vê.

c) Exercitar-se em algumas técnicas de trabalho e de registro como: trabalho com mapas (orientação, es-

CIÊNCIAS SOCIAIS NA ESCOLA

cala, símbolos), representação de dados em gráficos, redação de informes e resumos.

### Desenvolvimento

a) Colocar no mapa da cidade pequenos círculos coloridos nos locais de onde provêm os alunos da classe.

b) Observar a distribuição e tirar conclusões.

c) Realizar uma pesquisa rápida para averiguar as razões pelas quais os alunos escolheram a escola.

d) Redigir um resumo do trabalho realizado e das conclusões. Caso decidam realizar um estudo mais profundo, pode-se prosseguir com algumas destas variações:

• se a escola está localizada no centro da cidade, para onde os alunos afluem de diferentes pontos, convém delimitar uma área convencional de estudos ao redor dela e centrar-se nesta tarefa com o conjunto da classe;

• se a escola está localizada num bairro ao qual a maioria dos alunos acorre vinda de uma mesma zona, pode-se delimitar uma área de estudos comum que corresponda ao lugar de onde provêm mais alunos;

• se o grupo está treinado para o trabalho autônomo e os alunos provêm, de forma dispersa, de uma área muito ampla, pode-se organizá-los de maneira que trabalhem em grupos, com questionários-guia, cada grupo em sua zona de origem, realizando-se, posteriormente, conclusões e um trabalho de resumo.

Na zona selecionada, as atividades a serem realizadas dependem bastante das características e extensão da zona, podendo ser as seguintes:

a) primeiramente dispor de um mapa da área a ser estudada, de tamanho suficientemente amplo para que se possa trabalhar nele com certa comodidade;

b) percorrer as principais avenidas e ruas, anotando o itinerário no mapa (ensinando a se orientarem com ele caso seja a primeira experiência desse tipo). Anotar de alguma forma: setas ascendentes para subidas e zonas mais altas (se não for uma área densamente povoada poderá ser utilizado um mapa topográfico. Neste caso, na aula seguinte traçar as curvas de nível no mapa, vendo como coincidem com sua experiência). Se os alunos não conhecem o conceito de curvas de nível, é o momento de aproveitar para ensiná-los a realizar vários exercícios práticos;

c) numa paisagem urbana pouco ou nada resta que nos lembre a paisagem primitivamente natural. De qualquer forma, se na região houver um rio, riacho, vale, colina, situá-lo no mapa e descrever seu estado atual;

d) trabalhando em duplas, cada uma se encarregando de um setor reduzido, anotar sobre o mapa os tipos de edifício dispostos nas ruas, utilizando diferentes cores ou sinais convencionais. Para as alturas dos edifícios é preferível utilizar cores que permitam combinar com letras ou outros sinais que indiquem os tipos de instalações térreas, como bares ou lojas.

Pode-se apontar:

| | |
|---|---|
| casas familiares térreas ou sobrados | bares |
| prédios de até cinco andares | clínicas |
| prédios de seis a dez andares | escolas |
| prédios de mais de dez andares | ginásios |
| parques | poliesportivos |
| intalações comerciais | cinemas |
| oficinas ou indústrias | correios |
| | igrejas, etc. |

e) reunir esses dados e passá-los a limpo; resumir e interpretar a informação, descrevendo:

• o tipo de bairro (industrial, residencial, comercial, bairro de cidade-dormitório, bairro antigo ou de edificação recente, de edificação baixa ou de grandes prédios, etc.);

- lugar onde as lojas se concentram e por quê;
- se a zona de estabelecimentos industriais está concentrada ou não, e por quê;
- se há locais dedicados ao lazer dos habitantes;
- se a zona está bem equipada e em que aspectos: centros de assistência médica, correio, creches, jardins de infância, centros educacionais, parques, etc.

Estabelecer comparações entre os diversos dados que permitam tirar conclusões úteis para melhor entender as características do bairro em questão;

f) realizar exercícios de interpretação de escala dos documentos cartográficos com os quais se está trabalhando, calculando as distâncias das moradias até o correio, o cinema, o parque, etc.;

g) observar o transporte público: linhas de ônibus, pontos, estações de metrô. Observar no mapa da cidade com quais zonas o bairro se comunica. Relacionar esses dados com os anteriores (tipo de bairro, distribuição dos estabelecimentos comerciais, edifícios públicos);

h) determinar, com relação ao ponto anterior, quais são as vias de acesso ao bairro, as ruas mais transitadas e por quê. Pode ser incluída (se previrmos a possibilidade de fazer observações interessantes) a descrição e contagem dos tipos de veículos que transitam por algumas dessas vias;

i) informar-se a respeito da existência de algum edifício de valor histórico, relacionado com o passado da cidade ou do bairro. Os aspectos históricos, por sua extensão, podem ser separados do estudo do meio e constituir um projeto independente. Se, em vez disso, trata-se de um bairro de urbanização recente, com uma história breve, pode-se incluir dados históricos no final. Uma equipe pode ser destinada para esse aspecto da investigação, realizando entrevistas com os antigos moradores ou em instituições que possam oferecer dados;

j) procurar informações a respeito das instituições representativas da população existente no bairro, como: associação de bairro, de pais, de comerciantes, clubes, movimentos juvenis, centros culturais.

Entrevistar em grupos essas associações, averiguando:

- que ação realizam no bairro;
- que propostas pretendem realizar no futuro;
- quais os problemas e carências do bairro, segundo seu ponto de vista;
- que soluções reivindicam para solucioná-los.

Organizar um debate na classe sobre tais reivindicações e programas;

k) resumir e organizar toda a informação recolhida. Expor os dados da maneira mais clara e compreensível, completando-os com gráficos de diferentes tipos e, se possível, com fotografias. Apresentar o trabalho da forma que considerar adequada: apostilas, murais, audiovisuais, exposições orais, etc.

### Observações

- O estudo de um bairro fica bastante incompleto se não incluir dados sobre as ocupações de seus habitantes e seu nível econômico. Não é fácil obter estes dados com um método aceitável, se não contarmos com a possibilidade de determinar uma amostragem confiável. Investigar as famílias dos alunos não nos dará cifras verdadeiramente representativas, porque os alunos da escola podem significar uma parcela acima ou abaixo da média social, dependendo do caso. Pode-se fazer uma estimativa, por meio da opinião dos próprios alunos a respeito de seu bairro: se é de classe trabalhadora, mé-

CIÊNCIAS SOCIAIS NA ESCOLA

dia, baixa, alta ou pluriclassista. Esta informação pode ser complementada interrogando-se de igual maneira os membros das associações já mencionadas ou outras pessoas cuja opinião seja confiável, como professores das escolas ou comerciantes. O mesmo se pode dizer sobre a incidência de desemprego.

• Não foram incluídas atividades de estudo do clima porque na maioria das vezes não temos meios de efetivá-las. Os livros didáticos de Geografia costumam dar exemplos de como fazer esses estudos, trazendo, inclusive, roteiros de observações que não requerem instrumentos (sendo mais adequados para os alunos menores). Também neste caso podemos fazer uma estimativa, elaborando, por exemplo, um acompanhamento da temperatura. Se a escola se encontra na capital, podemos trabalhar com os dados publicados na seção meteorológica.

2) *Relações econômicas de nosso meio que nos chegam através do estudo dos produtos que consumimos*
*Idade*: 11-12 anos, primário
*Objetivos*
a) Conhecer a procedência dos produtos que consumimos, comprovando que nosso meio está economicamente ligado a diversos centros de produção.

b) Introduzir o estudo de outras regiões, partindo de nossa relação com elas.

c) Realizar um exercício de observação da realidade cotidiana.
*Tempo:* três ou quatro aulas.


*Desenvolvimento*

a) Durante um período de tempo não inferior a um mês, juntar todas as embalagens possíveis de produtos, etiquetas, ou partes de embalagens, caso elas estejam deterioradas, que sejam consumidas nas casas dos alunos. À medida que os alunos trouxerem esse material, ele vai sendo classificado de acordo com seu local de elaboração, em caixas preparadas para esse fim.

b) Mediante entrevistas realizadas fora do horário de aula, averiguar em peixarias, quitandas e açougues a procedência dos produtos que revendem.

c) Findo o prazo combinado para juntar as embalagens, realizar sua contagem e transferir os dados para um mapa, fazendo um sinal com lápis de cor nas regiões onde foram elaborados; um sinal para cada embalagem.

d) Completar o mapa com setas, indicando de onde provêm a carne, a verdura, a fruta e o peixe.

e) Tirar conclusões através do mapa, observando, por exemplo, como se concentram os sinais em algumas zonas, determinando assim os centros industriais mais fortes e a dependência da cidade com respeito ao campo, no que se refere aos produtos frescos.

f) Realizar uma nova classificação de embalagens, por especialidade: indústria farmacêutica, perfumaria e drogaria, conservas de peixes, produtos alimentícios de origem vegetal, conservas, queijos, têxteis.

g) Elaborar gráficos comparando a procedência dos produtos de cada especialidade; por exemplo: os produtos de perfumaria e drogaria provêm: tantos de Barcelona, tantos de Madri, etc. Tire conclusões a esse respeito.

h) Redigir um resumo com as conclusões.

### 3) *Correspondência escolar*
*Idade*: primário

A correspondência escolar é um bom complemento para o estudo do meio, uma vez que permite, de uma maneira agradável para os alunos, comparar os dados de seu próprio ambiente com outras realidades diferentes.

A única dificuldade desta atividade (que pode ser tomada conjuntamente com Comunicação e Expressão) reside em que o professor deve ter contato prévio com os colegas com os quais os alunos intercambiarão as cartas, pois é uma perda de tempo e muito decepcionante para as crianças enviar uma correspondência e não obter resposta. Também deve haver, entre ambos os profissionais, uma certa sintonia no que se refere a estilos de trabalho, para que o material a ser intercambiado seja útil.

Seria conveniente escolher escolas que estejam em meios bastante diferentes, por exemplo: uma escola de grande centro e uma escola de interior, para ser possível confrontar realidades distintas e introduzir, de maneira vivencial e direta, o estudo de outras regiões.

### *Material intercambiado junto com as cartas*

* estudos do próprio meio, parciais ou integrais;
* mapas e plantas;
* fotografias e postais, com suas explicações;
* desenhos de cenas, paisagens, moradias, plantas, animais, etc.;
* narrações de fatos ocorridos, descrições de cenas habituais no próprio bairro ou povoado, relatos do dia-a-dia, de acordo com o que vai transcorrendo no lugar: as festas, a vindima, o inverno...;
* "quadras", canções e contos populares;
* explicação das dificuldades ou conflitos do próprio meio;
* questionários indagando o que queremos saber do povoado ou da região de nossos correspondentes.

Isto, do ponto de vista de Ciências Sociais. Porém, se o trabalho for executado conjuntamente com Comunicação e Expressão, o material é muito mais amplo, incluindo também redações, contos, poesias.

## 4) *Aproveitar os recursos do meio*

O meio é uma interessante fonte de recursos, se nos propusermos a lançar mão dele, no sentido de facilitar a aprendizagem através de um ensino mais vivo e de possibilitar a informação por meio de fontes diversificadas e não somente através do livro didático.

A título de exemplo citam-se três casos desta possível utilização de recursos:

a) *Trazer para a aula visitantes*

Além dos passeios ao bairro ou povoado com os alunos, pode-se aproveitar a oportunidade de trazer para a aula pessoas que tenham coisas interessantes para contar, com relação a sua profissão, *hobby*, viagens que tenham realizado, seu modo de vida, sua participação em algum movimento cultural ou social ou em alguma instituição do bairro ou cidade.

Os objetivos desta atividade são:

• Abrir para a classe uma aprendizagem diretamente vinculada à realidade social.

• Oferecer a possibilidade de aprender ouvindo ou interrogando pessoas.

• Possibilitar um acesso atrativo a uma informação interessante.

• Promover o debate de situações sociais, problemas ou reivindicações, tomando o cuidado, sempre, de que a problemática selecionada seja adequada à idade dos alunos.

b) *Aproveitar a informação que pode ser proporcionada pelas famílias dos alunos*

Com relação aos temas de estudo, os alunos podem se organizar para expor em classe informações recolhidas em casa, acompanhando às vezes os dados com fotografias, ferramentas, objetos artesanais, etc. É o caso, por exemplo, das famílias que provêm de diferentes regiões e nos podem contar coisas sobre seus costumes, festas, folclore, alimentação, produtos. Também pode-se recorrer aos pais que, por seus ofícios ou inclinações, tenham informação especial a respeito de determinado assunto.

c) *Compilar expressões da cultura popular*

O propósito desta atividade, além da coleção em si, é conduzir os alunos à valorização do caudal cultural herdado por sua família. A compilação pode ser de cantigas de ninar, receitas de comida, "quadrinhas", contos, ditos populares, etc.

# Atividades: à procura do autoconhecimento e da auto-expressão

Nas primeiras séries do primário (EGB) e de ensino pré-escolar, os programas reservam amplos espaços para a expressão, seja ela plástica, corporal, escrita ou oral. Mas à medida que avançamos rumo à conclusão da educação primária esses espaços vão se reduzindo, e quando alcançamos o ensino médio são quase inexistentes ou, como no caso da formação profissionalizante, absolutamente, não existem.

Por conseguinte, num momento em que os garotos estão passando por uma intensa etapa de mudanças, como é a adolescência, a escola não lhes brinda situações nas quais possam expressar o que lhes está ocorrendo, suas dúvidas, suas confusões, seus sonhos. Deveria ser função de todos os professores abrir esses espaços, dando-lhes a possibilidade de se expressar para terem uma melhor compreensão e aceitação de si mesmos.

De um modo geral, teoricamente estamos dispostos a fazê-lo, se a situação se der espontaneamente. Entretanto a experiência nos mostra que em meio às exigências e ao ritmo da programação diária não há tempo nem oportunidades para que os alunos falem de si mesmos. O que se propõe aqui é provocar esses momentos de comu-

CIÊNCIAS SOCIAIS NA ESCOLA

nicação e expressão através de temas e atividades que o propiciem.

Muitos professores refutam essa possibilidade, considerando-se exclusivamente educadores de sua especialidade. O enfoque deste trabalho é, em lugar disso, considerar que:

• nossa tarefa é mais ampla, que temos algo a fazer no sentido de orientar os jovens que estão em nossas classes;

• quanto mais imaturos forem os sujeitos da aprendizagem, mais difícil é reduzir a área específica que pretendemos ensinar e mais devemos contar com a totalidade de sua personalidade;

• nosso trabalho se baseia na comunicação, portanto, todas as possibilidades de comunicação devem ser bem acolhidas e inclusive propiciadas.

Essas atividades têm o mesmo sentido: poder comunicar-se para melhor se conhecer. Foram realizadas aproveitando tempo de aulas de Ética, Didática* e História.

1) *A adolescência*
*Idade*: ensino médio, 14-15 anos.
*Objetivos*
• Facilitar aos alunos o conhecimento e análise de suas vivências e sentimentos e possibilitar-lhes a auto-expressão.
• Que os adolescentes conheçam a informação de que os adultos dispõem sobre as características de sua faixa etária.
*Tempo*: seis aulas com o total dos alunos e trabalhos com um grupo para pintar o fundo do mural.

---

(*) *Tutoría*, no original. (N. T.)

### Desenvolvimento

a) O primeiro passo foi uma exposição por parte do professor, colocando as características dos adolescentes, de acordo com a bibliografia usada sobre o tema.

Isso pode ser substituído por um estudo, em grupos, de bibliografia selecionada sobre a adolescência, com os próprios alunos elaborando uma síntese sobre as características dessa idade. O trabalho é muito mais lento, e para executá-lo o tempo calculado deve ser muito maior que o mencionado anteriormente.

b) Cada ponto exposto, cada característica explicada foi seguida de um diálogo no qual os alunos deram seu parecer a respeito do que os livros diziam sobre as pessoas de sua idade, se o consideravam certo ou não, se eles pensavam ou sentiam da maneira descrita, se as condutas que a bibliografia indicava como típicas se davam realmente entre eles ou com as pessoas conhecidas. Tratava-se de ver se eles se identificavam com a imagem que nós, adultos, temos dos adolescentes, e de ajudá-los a se compreender, expressando-se, tomando a palavra.

Esse diálogo deve se estender o quanto for necessário, pois esta atividade tem como objetivo precisamente a possibilidade de expressão.

c) Ao longo do diálogo, os alunos incorporaram dados que não eram mencionados na exposição do profes-sor e que eles consideraram uma característica de sua idade, de acordo com sua própria experiência ou a de garotos conhecidos.

d) Logo trataram de expressar seus pensamentos ou vivências num grande mural coletivo sobre a adolescência, ou mais concretamente, sobre eles, adolescentes. Decidiu-se qual seria o fundo do mural (de preferência escolher sua paisagem habitual): as ruas de seu bairro, a fachada da escola, edifícios. Uma equipe se dedicou a pintar o fundo. Então, cada aluno pintou em cartolina um menino ou uma menina que representava a si próprio (a), na postura e vestuário que preferiram. Depois, recortaram sua figura e cada um a colou onde quis dentro do mural, sem limitações: os personagens podiam circular pelas calçadas, formar turmas nas esquinas, permanecer solitários, escrever nas paredes, assomar às janelas ou voar, evadindo-se da realidade. Além disso, cada personagem tinha um balão, como nas histórias em quadrinhos, expressando o que diziam ou pensavam.

e) Uma vez terminada essa etapa, o mural foi analisado e comentado, expressando-se o que a obra representava para cada um, e também para o professor, avaliando os aspectos da experiência, em seus resultados e em seu processo de realização.

Se o mural permanecer exposto na classe pode ir sendo modificado com o tempo, trocando-se os balões por outros com novos conteúdos.

### 2) *Os meninos de 11-12 anos*

*Idade*: curso de EGB com a idade indicada.

*Objetivos*

a) Facilitar o autoconhecimento e a auto-expressão.

b) Facilitar a auto-afirmação através da expressão de seus traços característicos, dos meninos mais novos e mais velhos da escola.

c) Possibilitar o diálogo com os pais.

*Tempo*: cinco ou seis aulas.

*Desenvolvimento*

a) Diante de uma reunião de pais que estava pendente, para a qual estes haviam solicitado como tema as mudanças experimentadas por seus filhos, foi proposta no curso a realização de um trabalho coletivo sob o título: "Os meninos e meninas de 11-12 anos", que logo seria exposto aos pais pelos próprios alunos. O primeiro passo foi responder individualmente o seguinte questionário:

— em que você se sente diferente nestes últimos tempos?

— comparando-se com os meninos mais novos, explique se você se vê ou se sente diferente e em quê:

- em seu corpo;
- em seus jogos;
- com seus amigos;
- em seu relacionamento com crianças do sexo oposto;
- no relacionamento com seus pais, na forma como os vê;
- na roupa que gosta de usar;
- no relacionamento com os professores, na forma como os vê;
- no que gostaria de ganhar de presente.

— Como você se relaciona com seus irmãos mais velhos e com os meninos mais velhos da escola? Em que os admira? O que você não gosta neles?

b) Procura do consenso: as respostas foram lidas, comentadas, conectadas com anedotas. Aquilo que era uma conclusão clara, apoiada pela maioria, ia sendo anotado na lousa e em seus cadernos.

Em cada tópico, o diálogo estava presente para verificar se as características observadas valiam tanto para os meninos quanto para as meninas ou se podiam caracterizar respostas válidas para um ou outro sexo.

Ao término desta etapa de comentários, ficou registrada uma descrição dos meninos de 11-12 anos tal como eles se viam.

c) Com toda a informação recolhida e anotada, organizou-se um "livro coletivo". Cada aluno, ou às vezes uma dupla, detinha-se em alguma das características anotadas e elaborava uma página do livro numa folha de cartolina grande, com desenhos e texto, dividindo, se necessário, a folha em duas com uma linha vertical e desenhando duas cenas, comparando "quando éramos pequenos" e "agora".

d) Na reunião de pais, um grupo de alunos eleitos especialmente apresentou "o livro" e explicou seu conteúdo, resultando muitos dados em revelações para os pais, e inclusive, surpreendentes. Outra possibilidade de apresentação do trabalho poderia ser diretamente através do professor ou da classe inteira, cada um explicando sua página.

3) *O futuro, a utopia*
*Idade*: 2.ª série do ensino médio
*Objetivos*

a) Possibilitar a expressão de idéias, temores e esperanças frente à realidade do mundo contemporâneo e frente ao futuro.

b) Tomar consciência de que no presente, de alguma maneira, se está traçando o futuro.

c) Realizar a experiência de pensar em termos de utopia.

*Tempo*: quatro ou cinco aulas.

*Desenvolvimento*

a) Este trabalho está relacionado com temas de História Contemporânea. O primeiro passo é ver como se está gestando hoje um modelo de futuro. O procedimento pode ser o de responder por grupos às seguintes perguntas:

• Tendo em conta as características do presente da humanidade, como lhes parece que será o futuro que se está construindo hoje?

• Que fatores da sociedade atual lhes parece que influirá positivamente na sociedade do futuro?

b) Procura do consenso entre os grupos e debate, analisando o que gostam desse futuro previsto, o que não gostam, o que temem, o que esperam, o que salvariam, o que não.

c) Diálogo sobre o termo "utopia", chegar a uma definição comum após haver pesquisado seu significado em diversos dicionários e observado que a palavra tem um uso valorizador e um sentido depreciativo. Debater a resposta a estas perguntas:

• É positivo ou negativo ter em mente uma utopia para o futuro da humanidade?

• Vocês acham que nós, "mais velhos", pensamos nessas utopias? Por quê?

d) Leitura e comentário de "Imagine", de John Lennon:

"Imagine não haver posses
me pergunto se poderás
que não haja necessidade, inveja ou fome,
mas uma irmandade de homens;

Imagine todo mundo
vivendo a vida em paz.
Você dirá que sou um sonhador,
mas não sou o único.
Espero que um dia você se junte a nós,
e o mundo será um só.

Imagine todo o mundo
compartilhando a Terra inteira.
Você dirá que sou um sonhador,
mas não sou o único.
Espero que um dia você se junte a nós
E o mundo será um só".

(Citado em Domínguez Reboiras *et alii*, *Materiales para una ética*, Madri, AKAL, 1983.)

CIÊNCIAS SOCIAIS NA ESCOLA

De igual maneira, ler parte do discurso pronunciado por Martin Luther King em Washington, a 28 de agosto de 1963, na grande manifestação da qual participaram negros de todos os estados do país:

"Eu acolho o sonho de que, um dia, nas rubras montanhas da Geórgia, os filhos dos antigos escravos e os filhos dos antigos donos de escravos poderão sentar-se juntos à mesa da fraternidade. Eu acolho o sonho de que, um dia, até mesmo o estado de Mississipi, um estado consumido por injustiças, consumido pelo calor da opressão, se transformará em oásis de liberdade e de justiça.

Eu acolho o sonho de que meus quatro filhos viverão um dia em uma nação que não os julgará pela cor de sua pele, mas pelo conteúdo de sua personalidade.

Sonho agora...

Sonho que um dia o estado de Alabama... se transformará em uma terra na qual os meninos e as meninas negras poderão unir suas mãos às dos meninos e meninas brancas, para que possam caminhar juntos como irmãos e irmãs".

(Extraído de Molina, Juan, *Martin Luther King*, Madri, Doncel, 1971, p. 85.)

e) Diálogo sobre o tema "uma utopia para o futuro": anotar na lousa as contribuições de idéias para esse futuro desejado, fazer notar as contradições entre diferentes idéias e enfoques nas propostas, agrupar aquelas que forem coerentes entre si, dar "dicas" para que possam aprofundar as idéias com novos aspectos que no princípio não haviam sido observados.

f) Trabalhando em grupos, tratar de expressar de diferentes maneiras o tema em debate, extraindo do resumo elaborado na lousa o grupo de idéias com que cada grupo se identificar. Expressar-se através de uma

redação, um poema, uma colagem, um mural, uma história em quadrinhos. Tratar de que cada grupo escolha uma modalidade de expressão diferente.
Finalmente, expor os trabalhos e explicá-los.

**4)** *Dramatização sobre situações familiares, escolares e sociais*
*Objetivos*
a) Possibilitar a expressão de seus conflitos e pontos de vista em diferentes situações da vida cotidiana.
b) Ajudar a que entendam problemas de uma maneira mais objetiva.
c) Dinamizar a participação do grupo na discussão de determinadas situações ou conflitos.
*Tempo*: uma aula.

*Desenvolvimento*

São várias as ocasiões em que se pode fazer uma dramatização e também as formas de prepará-las e de chegar até elas.
Os temas sobre o adolescente e seus conflitos com os adultos em diversos âmbitos prestam-se amiúde para ser representados e posteriormente discutidos. Exemplo:
— discussões com os pais por:
• horário de retorno à casa;
• problemas de estudo;
• relacionamento com os irmãos;
• grupo de amigos;
• ordem e limpeza do quarto;
• música;
— conflitos com os professores por:
• notas;
• forma de tratá-los;
• forma de encarar as aulas;

# CIÊNCIAS SOCIAIS NA ESCOLA

— conflitos com os vizinhos por:
* reunir-se no portão, escada, calçada;
* fazer muito barulho;
* como os adultos pensam sobre eles (adolescentes).

O trabalho pode ser encaminhado de diversas maneiras, dependendo das circunstâncias. As situações podem ser espontâneas ou semipreparadas. No primeiro caso, os passos devem ser os seguintes:

a) coloca-se o conflito ou situação a ser dramatizado, definindo suas circunstâncias;

b) o professor anota na lousa os personagens que convém intervir, e os alunos podem corrigir e modificar ou acrescentar algum outro;

c) para decidir quem intervirá, recorre-se a voluntários e aos alunos propostos pelo grupo, ou o próprio professor pode designá-los, se não houver resistência manifesta e séria. Se há mais voluntários do que o necessário, a cena pode ser dramatizada por mais de uma vez, oferecendo variações;

d) as mesas e cadeiras são dispostas em círculo e, no centro, o grupo designado improvisa a cena, o diálogo e as ações, atuando cada um de acordo com o personagem que representa e as circunstâncias combinadas. Antes de começar, podem completar com explicações sua interpretação da situação;

e) para evitar o prolongamento de uma dramatização para a qual não se encontra uma maneira de terminar, é conveniente fixar previamente um tempo de duração (cinco a dez minutos), pois não se trata de ver o desenlace das histórias, senão sua trama, seu conflito e as diversas atitudes frente a ele. O limite de tempo também é conveniente para evitar o jogo histriônico de algum cômico nato;

f) analisar as atitudes representadas, discuti-las, tentar comprendê-las, oferecendo variações mais acertadas. Esta é a parte mais importante à qual se queria chegar ao propor a dramatização.

As cenas semipreparadas são menos ricas em espontaneidade, mas igualmente válidas para introduzir um tema em discussão. Supõe um tempo para sua preparação; por exemplo: trabalhando em grupos, os temas podem ser dados no começo da aula para serem representados na segunda meia hora.

Os grupos chegam a um acordo sobre a caracterização do personagem e as ações que este realizará dentro da dramatização. Comentam o diálogo, ainda que não o escrevam, pois este surgirá espontaneamente para dar vida ao personagem em sua relação com os outros.

Se for necessário, a dramatização pode ser preparada de uma aula para outra, mas neste caso deve-se tomar nota de pelo menos parte do diálogo. Uma dramatização deste tipo, com o diálogo semi-escrito, pode introduzir um tema para ser debatido numa reunião de pais ou numa reunião de didática.*

Há grupos que oferecem resistência a esse tipo de atividade, no caso de nunca a terem realizado, mas podem entrar indiretamente numa espécie de dramatização se o professor começar a brincar com determinado papel. Por exemplo, numa discussão sobre conflitos de geração, o professor anuncia: "agora, vou atuar como um pai", e começa a provocar situações, jogando expressões e adotando atitudes habituais dos pais em certos casos. Então, frente a este estímulo, o grupo reage e responde. Para a coleta de material para posterior comentário e análise, esta semi-representação tem o mesmo valor expressivo e de tomada de consciência que uma dramatização.

(*) *Tutoría*, no original. (N. T.)

# Atividades: escrevendo "livros" coletivos

Já expusemos um trabalho neste estilo. Retomamos essa atividade para que os próprios alunos vivenciem a experiência da concepção de um dos produtos culturais mais sacramentados: o livro.

Entre nossos alunos de classe popular coexistem a falta do hábito de leitura e até de interesse pela leitura, com a valorização excessiva do livro, que converte em "verdade" tudo o que ele diz ("está no livro", como critério de verdade), e aos autores de livros em pessoas de outra categoria que a encontrada em sua vida cotidiana. Trata-se de fazer o caminho inverso: em vez de receber o livro de "cima", do distante mundo da chamada "gente culta", produzi-lo eles mesmos, com suas próprias idéias.

Juntamente com esse valor desmitificador da cultura estabelecida, produzir "livros" tem um importante valor de auto-afirmação, ao poder ler e mostrar sua própria obra, na qual se fundem todas as participações, mesmo a dos alunos com mais dificuldades, numa obra comum. Daí a importância de que sejam coletivos, ainda que em outros casos produzam obras individuais.

Outro aspecto positivo é aprender a colaborar e trabalhar para uma obra comum.

## MARÍA TEREZA NIDELCOFF

Como nos casos anteriores, devo insistir que o mais importante é o processo de criação, onde são realizados valiosos aprendizados e intercâmbios. Os temas mais adequados são aqueles em que os alunos devem criar verdadeiramente os conteúdos, seja por falta de bibliografia apropriada, seja porque o curso está determinado a fazer algo original, sem recorrer à famosa cópia que costuma abundar nas monografias escritas em nossas escolas e institutos.

Diversos procedimentos podem ser empregados, mas em todos os casos a condição é que finalmente cada página seja submetida à aceitação ou correção por parte do grupo.

Finalmente, é interessante que esses livros sejam lidos como meio de informação, por outros alunos que abordarem esses temas em anos sucessivos.

1) *Um livro coletivo: "A liberdade"*
*Idade*: 1.ª série do ensino médio, 14-15 anos.
*Tempo*: oito aulas.
*Objetivos*

a) Refletir em grupo, expressar idéias e experiências sobre um tema proposto pelos próprios alunos e que, portanto, é de seu interesse.

b) Analisar criticamente os limites, simultaneamente amplos e estreitos, de nossa liberdade.

c) Realizar o esforço de criticar, corrigir e refazer os capítulos, procurando alcançar os melhores níveis de qualidade de que forem capazes.

d) Produzir um material de leitura e reflexão que possa ser útil para outras turmas que abordem o mesmo tema nos anos posteriores.

## CIÊNCIAS SOCIAIS NA ESCOLA

*Desenvolvimento*

a) Frente à decisão de escreverem eles mesmos um livro sobre "A liberdade", o primeiro passo consistiu em definir o termo. Procuraram a palavra "liberdade" em vários dicionários e optaram pela seguinte definição: "é a atuação guiada pela consciência própria de cada ser, sem importunar os demais, sem causar dano ao próximo".

b) Como no debate associaram a definição de "liberdade" à possibilidade de escolha, analisaram, refletindo em grupo e fazendo anotações, que há coisas muito importantes que não são escolhidas e que recebemos prontas, fora do alcance de nossa vontade: os traços físicos, o nome, a educação que recebemos, o sexo, a família e a classe social e as oportunidades ou falta de oportunidades que isso implica. Assim, tomaram consciência das primeiras limitações de nossa liberdade. Dialogaram sobre cada um desses pontos. Tomaram nota sobre o que foi expressado no diálogo a esse respeito.

c) Em seguida, escrevemos na lousa uma lista daquilo que de fato escolhemos: somos livres para pensar, para ter idéias políticas e religiosas, para expressar as opiniões, escolher os amigos, escolher os estudos, amar uma menina ou um menino, circular ou viajar, ter um *hobby*, vir ou não à aula, chorar ou rir, fazer o que queremos com nosso corpo.

d) Refletindo, dialogando e sempre fazendo anotações, fomos analisando e discutindo o alcance real das limitações dessas liberdades, em moços de sua idade. Em cada caso foram enumerando tudo aquilo que restringe essa liberdade. Por exemplo: a liberdade de ter um *hobby* está limitada pelas condições econômicas dos pais, a falta de espaço na casa e a autoridade paterna, que às vezes não admite por considerar perda de tempo ou algo importuno na casa. A liberdade de chorar está limitada pela vergonha e o sentido do ridículo, principalmente nos rapazes, nos quais é inculcada a idéia de que os homens não choram. E assim se procedeu em cada caso.

e) Baseando-se nas anotações recolhidas durante a reflexão e o diálogo, cada aluno se responsabilizou pela redação de uma página do livro, página esta que foi lida e aceita em classe e corrigida pelo professor, em sua parte ortográfica. Após isso, cada aluno datilografou sua página e, em alguns casos, agregaram-lhe desenhos ou recortes adequados. Outros intercambiaram tarefas: uns datilografaram em troca de que lhes fizessem seus desenhos.

f) Terminada a primeira parte do livro, iniciou-se a segunda: notaram que apesar das limitações impostas, que foram vistas na primeira parte, nossas possibilidades de liberdade ainda são amplas, podem crescer, mas podem também ser reduzidas e até mesmo perdidas. Os alunos responderam individualmente, por escrito, a estas duas perguntas:

• "De que forma um rapaz pode ir conquistando sua própria liberdade?";

• "Que limites você põe em sua própria liberdade por um sentido de responsabilidade?".

g) O professor resumiu as respostas a essas duas perguntas, organizando-as de maneira tal que pudesse priorizar na exposição as idéias mais expressadas pelos alunos. Esses resumos foram lidos, criticados e ampliados em classe, com novas idéias.

h) Um grupo de voluntários datilografou e ilustrou as páginas. Foram acrescentadas também algumas charges sobre o tema, desenhadas por um aluno que tinha especial habilidade e prazer em fazê-lo. O "livro" foi fotocopiado e montado.

2) *"A mulher na atualidade"*
*Idade*: 2ª série do ensino médio, 15-16 anos.

CIÊNCIAS SOCIAIS NA ESCOLA

*Tempo*: 10 a 12 aulas, trabalhando também fora de aula (fazendo pesquisas, passando a limpo os informes).

*Objetivos*

Além dos indicados especificamente para esta atividade de produzir "livros" coletivos, este tema tem os seguintes propósitos:

• Promover o debate sobre a mulher e sua participação em diferentes aspectos da vida social;
• Informar-se sobre o movimento feminista, suas principais correntes e suas reivindicações;
• Habituar-se a trabalhar em grupos.

*Desenvolvimento*

Este tema levanta muita polêmica e questiona muitos costumes adquiridos, profundamente arraigados em nossa educação mais precoce. A experiência nos mostra que, muitas vezes, ao tratar-se de assuntos relacionados com a mulher e suas reivindicações, muitos rapazes demonstram uma atitude verdadeiramente fechada e defensiva. Dessa maneira traduzem a atitude de seu meio e talvez a exacerbem, pois sua insegurança frente ao sexo oposto, própria de sua idade, cresce diante da atitude combativa já adotada por algumas meninas nesse tipo de polêmica. Além disso, o questionamento do conceito tradicional de mulher implica para eles em mudanças que aumentam sua insegurança e significam a perda de certos privilégios de que ainda desfrutam em muitas famílias com relação a suas irmãs, como no caso dos horários e divisão das tarefas do lar.

Ainda que seja boa a polêmica, considero que nosso papel seja o de conduzi-los à reflexão, questioná-los, dando-lhes tempo para que possam amadurecer suas próprias idéias a esse respeito. Para tanto é importante que ampliem sua informação com leituras que lhes propiciem novas perspectivas e dados sobre o tema. Mesmo assim, é necessário que o "livro" que produzem reflita realmente a opinião da classe, que acolha as diferentes idéias expressadas ao longo do tempo em que se trabalha no projeto.

a) Trabalhando em grupos, preparar resumos de diversos capítulos, de acordo com os grupos, do livro *Las mujeres en busca de um nuevo humanismo*, de Montserrat Roig, Temas Clave, n.º 60, da Editorial Salvat, que pode funcionar como base do trabalho na primeira etapa de informação. Logo eles poderão trazer para o grupo e utilizar a bibliografia que quiserem sobre o aspecto que lhes haja correspondido investigar.

b) Cada grupo irá expor para a classe o resumo que houver elaborado.

c) As experiências serão seguidas de um debate e serão tiradas as conclusões. Um grupo escolhido fará anotações sobre estes comentários e conclusões.

d) O mesmo grupo que tiver feito as anotações redigirá um rascunho do primeiro capítulo de nosso livro: "Comentários e perguntas que nos suscitou a leitura do livro *Las mujeres en busca de un nuevo humanismo*, de Montserrat Roig". Esse rascunho será apresentado em classe e por ela corrigido, dando-lhe a forma definitiva. Dessa forma termina a primeira parte do trabalho, cujo objetivo é proporcionar informação e levantar questões sobre o tema.

e) Organizar grupos que atuarão como comissões, cada um deles encarregado de procurar informações sobre um aspecto de *A situação atual da mulher em nosso meio*. Ainda que os temas variem em cada caso, uma vez que dependem de como tenha sido encaminhada a discussão na primeira parte, podem ser propostos os seguintes:

*Comissão A:* "A mulher e o trabalho no lar".
*Atividades:*

- Elaborar uma pesquisa e passá-la a todos os alunos da classe, onde se determinem quais as tarefas realizadas por cada membro da família "habitualmente", "com freqüência", "algumas vezes" ou "nunca".
- Fazer a tabulação e redigir as conclusões, comparando as tarefas realizadas pela "mãe", pelo "pai", "filhos", "filhas", "outros habitantes de casa do sexo masculino" e "outros habitantes de casa do sexo feminino".
- Analisar separadamente os lares em que a mãe trabalha fora e os lares em que não trabalha.

*Comissão B:* "A mulher no ensino secundário".

*Atividades:* verificar nas escolas de ensino secundário do bairro ou localidade a participação da mulher, observando que proporção destas há entre:

- os cargos diretivos;
- o corpo docente;
- o pessoal administrativo;
- o pessoal de limpeza;
- zeladores;
- os alunos de colegial;
- os alunos de diferentes áreas de cursos de formação profissional.

Tirar as conclusões correspondentes.

*Comissão C:* "A mulher e o trabalho".

*Atividades:* verificar entre as famílias de seu próprio meio (a sua e as dos cinco vizinhos mais próximos) que proporção de mulheres tem um trabalho remunerado, em que consiste esse trabalho e se o salário é superior, igual ou inferior ao que recebe o homem ou os homens da mesma família. Revendo sua vida cotidiana, fazê-los observar as mulheres que encontram exercendo um ofício ou profissão: quem dirige o ônibus ou metrô que os leva à escola, se têm professores ou professoras, quem atende nas lojas que freqüentam, os quiosques ou bares, quem chamam (homem ou mulher) quando ocorre algum defeito nas instalações de água, luz, gás ou telefone, se vão a um médico ou médica quando estão doentes, quem dirige o culto no templo ou igreja, etc.

Ordenar os dados, tirar conclusões e elaborar um informe.

*Comissão D:* "Mulher e publicidade".

*Atividades:*

• Acompanhar a programação de televisão durante alguns dias, em horário de grande audiência, e observar a presença da mulher nas propagandas, descrevê-las e analisá-las com a ajuda do professor.

• Descrever os *out-doors* de seu bairro, em quantos deles a mulher é protagonista, e junto a que conteúdos.

De igual maneira, reunir anúncios de revistas e analisá-los.

Esta comissão necessitará de mais auxílio do professor que outras.

*Comissão E:* "O que pensam as mulheres de si mesmas".

*Atividades:* gravar entrevistas nas quais um grupo de mulheres adultas e um grupo de companheiras de outros cursos (por exemplo, cinco e cinco) expressem suas opiniões e sentimentos com respeito à situação da mulher e ao fato de serem elas próprias mulheres. As perguntas podem ser deste tipo:

• Você acredita que é vantajoso ser homem em nossa sociedade? Em que sentido?

• Você acha que há tarefas que correspondem à mulher? Em caso afirmativo, quais?

• Suponha que está viajando num trem e descobre que o maquinista é uma mulher. Qual seria sua reação?

• Se nascesse novamente e pudesse escolher o sexo, qual escolheria? Por quê?

• O que você acha dos movimentos feministas?

• Você acha que há coisas que devem mudar na situação da mulher? Quais?

- Em sua casa exigem as mesmas coisas de uma filha que de um filho, em matéria de horário, amigos, sexualidade, trabalhos domésticos, ou não? Por quê?

Restam outros assuntos que poderiam ser incluídos se fosse possível formar mais comissões, como a participação da mulher em cargos de responsabilidade ou sobre sexualidade.

f) Cada comissão irá expor um informe que será debatido. O professor anotará as conclusões por maioria e por minoria.

g) Cada comissão fará a redação final de seu capítulo, incorporando as conclusões finais do debate e abarcando tudo o que sua imaginação lhes sugerir para tornar a leitura o mais agradável possível. Com todo o material produzido, se montará o livro.

# Atividades: a poesia nas aulas de Ciências Sociais

Introduzir a poesia nas aulas de Ciências Sociais pode ser uma tarefa coordenada com o professor de Comunicação e Expressão ou (se não for este o caso) algo que o professor de Ciências Sociais pode realizar por sua conta. A vinculação de textos literários (neste caso poemas, mas pode tratar-se também de novelas, capítulos de novelas, fragmentos de ensaios, contos ou peças de teatro) com as aulas de História e Geografia é um trabalho rico e interessante. Permite dar vida e cor aos temas destas matérias, pode oferecer novos dados ou novas maneiras de ver as coisas que a proporcionada pelos livros didáticos ou pela explicação do professor, ajuda os alunos a ver a realidade de uma maneira ampla, integral e não parcelada em matérias de estudo brindando a possibilidade, sempre bem-vinda, de abrir a aula para a apreciação da comunicação e do sentimento vivos num texto literário. A forma de nos conectarmos com estes textos pode se dar através de diversos enfoques:

- porque o tema da obra está relacionado com o tema que estamos explicando, seja uma época, uma religião, um país ou uma determinada problemática social. Por exemplo: *Las bicicletas son para el verano*, de Fernando Fernán Gómez para a Guerra Civil Espanhola, ou

*Meu pé de laranja lima*, de José Mauro de Vasconcelos, com relação ao tema da América Latina;

• porque se trata de uma obra contemporânea à época que estamos estudando, e o texto em si é testemunho da mentalidade daquela época ou de como algumas pessoas viviam determinados problemas ou situações. Este poderia ser o caso de *A cabana do Pai Tomás*, de Harriet B. Stowe, para o tema da escravidão, ou artigos de Mariano José de Larra para a Espanha na primeira metade do século XIX;

• porque o poema ou texto oferece elementos para uma posterior reflexão e aprofundamento de um tema, como é o caso dos poemas "Negritude", de Aimé Césaire, e "Ser e estar", de Mario Benedetti, que serão analisados mais adiante.

Na aula de Ciências Sociais não nos proporemos a um estudo integral dos textos, mas fundamentalmente do conteúdo de sua mensagem.

1) *Andaluzia e a poesia*

Experiência realizada conjuntamente com a área de Comunicação e Expressão.

*Idade*: 11-12 anos, escola primária.

*Tempo*: de 12 a 14 aulas.

*Objetivos*

a) Propor uma aproximação mais calorosa e afetiva à religião, que foi estudada em Ciências Sociais.

b) Facilitar uma recapitulação geral da informação adquirida sobre religião.

c) Desfrutar lendo e comentando poemas.

d) Alcançar a realização de uma ação expressiva coletiva.

## 124 MARÍA TEREZA NIDELCOFF

### Desenvolvimento

a) Esta foi a atividade final do tema "Andaluzia" em Ciências Sociais. Foram escolhidos poemas de três poetas nascidos na região e um de Miguel Hernández pelo conteúdo social de seu tema "Aceituneros". No caso dos primeiros, escolheram-se obras simples e descritivas, em sua maioria; foram lidos e comentados os seguintes poemas:

O mar. O mar.
O mar. Só o mar.*
Por que me trouxeste, pai,
à cidade?
Por que me desenterraste
do mar?
Nos sonhos, o marulho
arrasta-me o coração
quisera levá-lo.
Pai, por que me trouxeste para cá?
Gemendo por ver o mar,
um marujinho em terra
iça ao ar este lamento:
Ai, minha blusa marinheira!
Sempre inflada pelo vento
ao divisar o cais.

(Extraído de "Marinero en tierra", de Rafael Alberti, em *Antologia Poética*, Madri, Alianza Editorial, 1983, p. 165.)

(*) No original: "El mar. La mar./El mar. Solo la mar". O autor utiliza como recurso poético a alternância de gênero, que provoca a sensação do balanceio do mar. (N. T.)

## ÁLAMO BRANCO

Em cima canta o pássaro
e embaixo canta a água.
(Em cima e embaixo,
minha alma se abre.)

Entre duas melodias
a coluna de prata!
Folha, pássaro, estrela,
flor baixa, raíz, água.
Entre duas comoções
a coluna de prata!
(E tu, tronco ideal,
entre minh'alma e minh'alma.)

A estrela, o trinado embala,
a onda a flor baixa.
(Em cima e embaixo,
estremece minh'alma.)

(Juán Ramón Jiménez, *Antologia poética*, Editorial Magisterio Español, 1974, p. 137.)

De Federico García Lorca, foram escolhidos quatro poemas de *Poema del cante jondo* (Colección Austral, Madri, Espasa Calpe, 1977).

## VILAREJO

Sobre o monte escalvado
um calvário
Água clara
e oliveiras centenárias.
Pelas ruelas
Homens encapuçados

e nas torres
veletas girando.
Eternamente girando.
Oh! vilarejo perdido,
na Andaluzia do pranto!

### BALCÃO

A Lola
canta *saetas*.*
Os toureirinhos
a rodeiam,
e o barbeirinho
de sua porta
marca os ritmos
com a cabeça.
Entre a alfavaca
e a hortelã
a Lola canta
saetas.
A Lola, aquela,
que tanto se olhava
na alverca.

### A LOLA

Debaixo da laranjeira lava
fraldas de algodão.
Tem verdes os olhos
e violeta a voz.

Ai, amor,
debaixo da laranjeira em flor!

(*) *Saeta*: quadra breve utilizada para despertar a devoção em certas solenidades religiosas realizadas em igrejas ou ruas. (N. T.)

A água da acéquia
estava cheia de sol,
no olivalzinho
cantava um rouxinol

Ai, amor,
debaixo da laranjeira em flor!

Assim que a Lola
gastar todo
virão os toureirinhos.

Ai, amor,
Debaixo da laranjeira em flor!

### *AMPARO*

Amparo,
estás tão só em tua casa
vestida de branco!
(Equador entre o jasmim
e o nardo.)

Ouves os maravilhosos
provedores de teu pátio
e o débil trinado amarelo
do canário.

Pela tarde vês tremular
os ciprestes com os pássaros,
enquanto bordas lentamente
letras sobre o cânhamo.

Amparo,
estás tão só em tua casa
vestida de branco!

MARÍA TEREZA NIDELCOFF

Amparo,
e que difícil dizer-te:
te amo!

E finalmente, trabalhou-se sobre um fragmento de
"Aceituneros", de Miguel Hernández.

Andaluzes de Jaén,
azeitoneiros altivos,
dizei-me do fundo d'alma: quem,
quem ergueu as oliveiras?

Não as ergueu o nada,
nem o dinheiro, nem o senhor,
mas sim a terra calada,
o trabalho e o suor.

Unidos à água pura
e aos planetas unidos,
os três deram a formosura
dos troncos retorcidos.

Andaluzes de Jaén,
azeitoneiros altivos,
indaga minh'alma: de quem,
de quem são as oliveiras?

(*Obra poética completa*, Madri, Editorial Zero, 1976, p.
315.)

b) Ilustração dos poemas: a classe organizou-se em
grupos e cada um deles encarregou-se de ilustrar um poema, o que levou a uma nova leitura e aprofundamento.
Os poemas de García Lorca, Alberti e Juán Ramón Jiménez foram escolhidos pela facilidade com que podem
ser traduzidos em imagens.

c) Após isso, lhes foi proposto que fizessem poemas
sobre Andaluzia. Pensaram sobre que assuntos poderiam

CIÊNCIAS SOCIAIS NA ESCOLA

escrever e foram anotando no quadro negro os temas sobre Andaluzia que lhes poderiam sugerir inspiração para um poema:

- as oliveiras;
- o rio Guadalquivir;
- as hortas de Granada;
- o *Generalife* e *Alhambra*;*
- os pátios;
- os trabalhadores;
- os emigrantes que, de longe, pensam em sua terra natal;
- o sol;
- o mar, a costa;
- Federico García Lorca;

d) Num diálogo com a classe, trabalhamos sobre cada tema, apontando idéias, realizando exercícios de adjetivação, anotando no quadro-negro e em seus cadernos as idéias, imagens e sentimentos que iam sendo expressados, a partir da vivência figurada de estarmos lá. Por exemplo: "Estamos num pátio andaluz: o que vemos, o que ouvimos, o que cheiramos, o que tocamos, como nos sentimos", ou "Somos um emigrante andaluz que está na Alemanha: o que recordamos, o que pensamos, do que sentimos falta, o que desejamos, o que esperamos".

e) Após isso, cada grupo escolheu temas sobre os quais escrever "poemas". Deve ser esclarecido que a palavra "poemas" foi empregada de forma muito ampla e que, como fizemos ao falar de montagens, o mais importante não é, neste caso, a qualidade do resultado final

---

(*) *Generalife* e *Alhambra*: Fortaleza e palácios contendo maravilhosos pátios e jardins, construídos pelos árabes para os reis mouros de Granada, durante os séculos XIII e XIV. (N. T.)

mas sim toda riqueza e aprendizagens do processo criativo. Cada grupo dispunha de todas as informações conseguidas pela classe ao tratar dos temas, podendo fazer uso delas ou não, conforme preferissem. Podiam propor um ou vários poemas, criados pelo grupo em conjunto ou por algum de seus membros individualmente.

f) Consenso: cada poema proposto foi lido em classe, alguns descartados e os melhores ou que mais agradaram foram escolhidos. Todas as decisões foram tomadas por maioria.

g) Cada poema escolhido foi corrigido coletivamente, anotado na lousa e trabalhado, substituindo palavras, ampliando-as, acrescentando-se imagens, suprimindo-se outras, trocando-se a ordem, etc. Ao finalizarmos, as obras haviam mudado muito com relação ao original, haviam se transformado em obras coletivas. Embora as decisões tenham sido tomadas por maioria, procuramos chegar a um acordo e só recorrer à votação quando a situação não podia ser resolvida sem ela.

h) Os poemas foram datilografados, acrescentaram-se desenhos e foram confeccionados livrinhos: "Andaluzia — Criações coletivas", que foram levados para casa e distribuídos para algumas pessoas no centro da cidade.

2) *Comentário de poemas relacionados com temas da programação*

*Idade*: ensino médio.

*Objetivos*

• Complementar o enfoque dos temas com a contribuição humana e pessoal da poesia.

• Compreender que o poeta pode ser uma testemunha que nos ajude a captar melhor e sentir mais intensamente uma problemática.

• Compreender que as realidades humanas não podem ser divididas em setores estanques e que a divisão em

CIÊNCIAS SOCIAIS NA ESCOLA

disciplinas é somente um recurso para ter acesso mais sistematizado ao estudo da realidade.

- Facilitar o contato com a poesia.

A)                    *NEGRITUDE*

*(Aimé Cesaire)*

Aqueles que não inventaram a pólvora nem a bússola.
Aqueles que nunca souberam domar o vapor nem a
                        eletricidade.
Aqueles que não exploraram nem os mares nem o
                        céu.
Porém aqueles sem os quais a terra não seria terra.

Minha negritude não é uma pedra, sua surdez se
                arremete como o clamor do dia.
Minha negritude não é uma mancha d'água estancada sobre o olho morto da terra.
Celeiro onde se conserva e amadurece o que a terra
                mais tem de terra.

Minha negritude não é nem uma torre nem uma
                catedral.
Ela se crava na carne rubra do solo.
Ela se crava na carne ardente do céu.
Ela perfura a prostração opaca de sua paciência
                tensa.

Posto que para encerrar-me nesta única raça,
sabes, contudo, meu amor tirânico,
sabes que não é por ódio às outras raças
que me faço lutador desta raça única,
pois o que quero
é pela fome universal
pela sede universal.
Obrigá-la, livre afinal,

MARÍA TEREZA NIDELCOFF

a produzir do interior de sua intimidade
a suculência dos frutos.

(Extraído de *La poesia negra africana*, Santiago, Ediciones Nueva Universidad, 1971, pp. 12-15; Braudel Fernand, *Las civilizaciones actuales*, Madri, Editorial Tecnos, 1969, p. 142.)

a) A leitura deste poema é apropriada para a conclusão do tema da descolonização da África, mas também possibilita a introdução ao debate da situação atual dos negros com relação à sociedade branca nos Estados Unidos ou África do Sul, por exemplo, ou ao tema do racismo em geral. O primeiro passo é, naturalmente, a leitura do poema, do qual foram selecionados três fragmentos.

b) A partir da compreensão global de seu conteúdo, introduzir a explicação do conceito "negritude", que o próprio Aimé Cesaire definiu nestes termos:

"Partindo da consciência de ser negro, o que implica em assumir seu destino, sua história, sua cultura, a negritude é um mero reconhecimento desse fato e não comporta nem racismo nem renegar a Europa, ou outra exclusão, mas, pelo contrário, uma fraternidade entre todos os homens. Existe, não obstante, uma solidariedade maior entre os homens de raça negra; não em função de sua cor mas sim por uma comunhão de cultura, história e temperamento".

(Extraído da introdução de Luis López Alvares ao livro de Aimé Césaire, *Poemas*, Barcelona, Plaza y Janes, 1979, p. 11.)

c) Aportar dados sobre os diferentes caminhos escolhidos pelos negros em seu processo reivindicatório, mostrando como todos eles se esforçaram para se livrar da

CIÊNCIAS SOCIAIS NA ESCOLA 133

imagem de si mesmos condicionada pelo domínio dos brancos. Situar o poema neste contexto, observando que se coloca a questão: quem somos nós, os negros?

d) Ler mais atentamente o poema, analisando verso por verso, captando a contraposição que o autor faz do papel histórico dos negros no passado com o dinamismo e a força das imagens com que ele se refere à negritude, ressaltando a declaração da ruptura de uma prostração secular ("perfura", "prostração", "paciência tensa"). Relacionar o terceiro fragmento com a definição que o autor dá de "negritude".

e) O poema pode dar margem a outras atividades relacionadas com o tema, como redações, colagens de recortes de jornais, etc.

B) Poemas de Miguel Hernández: "Sentado sobre mortos", "Rosário, dinamiteira" e "Canção do esposo soldado".

Esta atividade está incluída no tema da guerra civil espanhola, porém também pode ser relacionada com outros temas, como o da paz.

O trabalho sobre os poemas tem, neste caso, como objetivo, aproximar-nos de uma testemunha participante da guerra civil, um homem comprometido que expressa passionalmente suas convicções, sua imensa dor. Captar, precisamente, os sentimentos que vão brotando de acordo com diferentes avatares da guerra, é o que se procura com a análise a seguir.

### Desenvolvimento

a) Supõe-se que os alunos já estudaram ou estão estudando a Guerra Civil Espanhola e conhecem a biografia de Miguel Hernández; caso contrário, é necessário levantar dados sobre ele.

b) Ler e trabalhar individualmente sobre o poema "Sentado sobre mortos", com o auxílio do guia que o segue:

## SENTADO SOBRE MORTOS

Sentado sobre mortos
que se calaram em dois meses,
beijo sapatos vazios
e empunho raivoso
a mão do coração
e a alma que o sustenta.
Que minha voz suba os montes
e desça à terra, trovejando,
pede minha garganta,
agora e sempre.

Ajunta-te a meu clamor,
povo de minha estirpe,
árvore com cujas raízes
me aprisiona,
que aqui estou para amar-te
e defender-te
com sangue e boca
como duas armas fiéis.

Se saí de dentro da terra,
se nasci de um ventre
infeliz e pobre,
não foi senão para tornar-me
rouxinol das desgraças,
eco de mau agouro,
cantando e repetindo
para quem me ouvir
tudo quanto a penas, pobres,
e à terra se referir.

Ontem o povoado acordou
despido e sem o que vestir,
faminto e sem o que comer,
e o dia, hoje, amanheceu
justamente borrascoso
e sangrento justamente.
Em tua mão os fuzis,
leões querem ser
para acabar com as feras
que tantas vezes foram.

Mesmo que te faltem as armas,
povo de cem mil poderes,
que não esmoreçam teus ossos,
castiga a quem te fere
enquanto restarem teus punhos,
unhas, saliva e te restem
coração, entranhas, tripas,
partes de varão e dentes.
Bravo como o vento bravo,
leve como o ar leve,
assassina quem assassina,
perturba a quem perturba
a paz de teu coração
e o ventre de tuas mulheres.
Que não te possam ferir pelas costas,
vive cara a cara e morre
com o peito frente às balas,
amplo como os muros.

Aqui estou para viver
enquanto minha alma soar,
e aqui estou para morrer,
quando minha hora chegar,

agora e sempre.
Vários tragos, é a vida,
e um só trago, a morte.

(De *Vientos del Pueblo*, 1937)

* Sublinhe as palavras que expressam os fortes sentimentos que o autor experimentou neste momento da guerra. Explique que sentimentos eram aqueles.
* A que setor da sociedade espanhola o autor se sente inseparavelmente unido? Explique-o e transcreva os versos nos quais se perceba este sentimento.
* Segundo o poeta, qual é sua missão neste momento? Por quê? Até onde está disposto a chegar?
* Com que palavras descreve a situação em que se encontra o povo?
* Com que palavras se refere ao inimigo?
* Muitos dos poemas que compõem, juntamente com este, o livro *Vientos del Pueblo* eram lidos nas trincheiras, em alto-falantes, ou circulavam pelo *front* em folhas impressas e jornais militares. Explique que reação o poeta procurava produzir nos soldados através de poemas como este. Transcreva as frases em que se note a mensagem que Miguel Hernández queria transmitir ao povo.

c) Leitura do poema em voz alta.

d) Consenso das respostas do questionário-guia.

e) Nova leitura, mais detalhada, explicando expressões e versos que não tenham sido observados no primeiro trabalho.

f) Repetir o procedimento para analisar:

## ROSÁRIO, DINAMITEIRA

Rosário, dinamiteira,
sobre tua mão bonita
ocultava a dinamite

seus atributos de fera.
Ninguém ao vê-la iria crer
que havia em seu coração
um desespero
de cristais, de metralha
ansiosa por uma batalha
sedenta de uma explosão.
Era tua mão direita,
capaz de liquidar leões,
a flor das munições
e o anelo da mecha.
Rosário, boa colheita,
alta como um campanário,
semeavas no adversário
dinamite furiosa
e tua mão era uma rosa
enfurecida, Rosário.

Buitrago foi testemunha
da condição de raio
das façanhas que calo
e da mão de que falo.
Bem conheceu o inimigo
a mão desta donzela,
que já não é mão, porque dela,
nem um só dedo resta,
pois ardeu a dinamite
e a converteu em estrela!

Rosário, dinamiteira,
podes ser varão e és
a nata das mulheres,
a espuma da trincheira.
Digna como uma bandeira
de triunfos e resplendores,
dinamiteiros pastores,

vejam-na agitando seu alento
e soltem as bombas ao vento
d'alma dos traidores.

Questionário-guia para a análise individual:
• explique quem era Rosário, onde lutava, que missão cumpria.
• calcule quantos anos teria hoje, compare sua vida com a de outras mulheres de sua idade que conhece.
• reveja os textos consultados para o estudo da guerra civil e localize em que etapa da luta Rosário participou, de acordo com o texto.
• descreva como a imagina na batalha, de acordo com o que diz Miguel Hernández sobre ela.
• quais são os sentimentos do autor com respeito a essa jovem?
• em que se assemelha com a poesia anterior? Há alguma mensagem para os homens que lutam no *front*? Qual?
g) Comparando ambos os poemas e dialogando com a classe em conjunto, procure situar Miguel Hernández dentro destas possíveis atitudes na Guerra Civil:
• testemunha cética;
• participante forçado de uma facção;
• militante comprometido com a causa da República;
• o militante comprometido com o exército rebelde;
• testemunha imparcial;
• pacifista radical.
Imaginar frases que poderiam ter sido escritas por pessoas que mantivessem cada uma destas posições.
h) Analisar, finalmente, a "Canção do esposo soldado" (*Vientos del Pueblo*, 1937) com o seguinte procedimento:
• leitura em silêncio;

- leitura em voz alta, detalhada, explicando verso por verso o conteúdo do poema, trabalhando em conjunto;
- contrapor os sentimentos que inspiram o filho que espera e a mulher com os sentimentos que inspirava a guerra em poemas anteriores;
- aprofundar o conteúdo de:

"Deixarei em tua porta minha vida de soldado
sem presas nem garras",
"É preciso matar para continuar vivendo",
"Para o filho será a paz que estou forjando".

## CANÇÃO DO ESPOSO SOLDADO

Povoei teu ventre de amor e sementeira,
prolonguei o eco de sangue ao qual respondo
e espero sobre o sulco, como o arado espera:
cheguei até o fundo.

Morena de altas torres, alta luz e altos olhos,
esposa de minha pele, grande trago de minha vida,
teus seios loucos crescem em minha direção dando
saltos
de cerva concebida.

Sinto que és um cristal delicado,
temo que te rompas ao mais leve tropeço,
e ao reforçar tuas veias com minha pele de soldado
sejas como a cerejeira.

Espelho de minha carne, sustento de minhas asas,
dou-te vida na morte que me dão e não tomo.
Mulher, mulher, de amo cercado por balas,
desejado pelo chumbo.

Por sobre os ataúdes ferozes à espreita
por sobre os próprios mortos sem remédio e sem
fossa
te quero e quisera beijar-te com a alma toda
até o pó, esposa.

Quando junto aos campos de batalha em ti pensa
minha fronte que não esfria nem aplaca tua imagem,
te aproximas de mim como uma boca imensa
com faminta dentadura.

Escreve-me, vê-me na trincheira:
aqui, com o fuzil teu nome evoco e contemplo,
e defendo teu ventre de pobre que me espera,
e defendo teu filho.

Nascerá nosso filho, com o punho fechado,
envolto em um clamor de vitória e violões,
e deixarei à tua porta minha vida de soldado
sem presas nem garras.

É preciso matar para continuar vivendo.
Um dia andarei à sombra de tua cabeleira distante,
e dormirei no lençol com goma e espanto
cosido por tuas mãos.

Tuas pernas implacáveis diretas vão ao parto,
e tua implacável boca de lábios indomáveis,
e frente a minha solidão de explosões e fendas
percorres um caminho de beijos implacáveis.

Para o filho será a paz que estou forjando.
E por fim num oceano de irremediáveis ossos
teu coração e o meu naufragarão, restando
uma mulher e um homem consumidos pelos beijos.

# CIÊNCIAS SOCIAIS NA ESCOLA

i) Baseando-se no poema anterior, coloque em debate as questões:
- Como era o verdadeiro Miguel Hernández? (retomar o item *g*).
- Como influíam nele as circunstâncias que estava vivendo?

j) Aprofundar o sentido dos versos:
"Nascerá nosso filho com o punho fechado,
envolto em um clamor de vitória e violões".
Comparar esta esperança de vitória com o desenlace da vida do próprio poeta e o fim da guerra civil. Ler, para completar esta comparação, o seguinte fragmento de Rafael Alberti (*Entre o cravo e a espada*, 1939-1940).

O soldado sonhava, aquele soldado
de terras interiores, obscuro: —Se vencermos,
eu a levarei para ver as laranjeiras,
para tocar o mar, que nunca viu
para que seu coração se encha de barcos.
Mas veio a paz. E era uma oliveira
de interminável sangue sobre o campo.

(*Antologia poética*, Madri, Alianza Editorial, 1983, p. 165.)

k) Dividindo-se em grupos, optar por alguma destas formas de expressão:
- pintar ou desenhar murais inspirados nos poemas;
- fazer redações: "Um poeta na Guerra Civil";
- fazer reportagens imaginárias: "Um jornalista estrangeiro entrevista Miguel Hernández em 1937";
- viagem imaginária ao passado: "Eu em 1937";
- gravar uma leitura dos poemas com música.

Os poemas foram extraídos de Miguel Hernández, *Obra poética completa*, Madri, Editorial Zero, 1976.

C)*Mario Benedetti:* "Ser e estar"

Este poema foi escolhido para o tema sobre o imperialismo, em uma programação de História Contemporânea.

## SER E ESTAR

Oh marine
oh boy
uma de tuas dificuldades consiste em não saber
distinguir o ser do estar
para ti tudo é to be.
tentemos assim esclarecer as coisas

por exemplo
uma mulher *é* boa
quando entoa desafinadamente os salmos
e a cada dois anos troca a geladeira
e manda mensalmente seu cão ao analista
e só enfrenta o sexo nos sábados à noite
em compensação uma mulher *está* boa
quando a olhas e teus olhos se esbugalham
e a imaginas e a imaginas e a imaginas
e até cres que tomando um martini criarás coragem
mas nem assim

por exemplo
um homem *é* esperto*
quando consegue milhões por telefone
e sonega consciência e impostos
e adquire uma boa apólice de seguros
para receber quando alcance os setenta
e seja o momento de viajar em excursão a capri e a
paris
e consiga violentar a gioconda em pleno louvre
com a vertiginosa polaroid

CIÊNCIAS SOCIAIS NA ESCOLA

em compensação
um homem *está* "frito"*
quando vocês
oh marine
oh boy
surgem no horizonte
para lhe injetar democracia.

(Extraído de *Inventario*, México, Nueva Imagem, 1978,
p. 158.)

a) Explicar o que é um *marine*, relacioná-lo com filmes que tenham visto.

b) Discorrer sobre o estilo de vida que o autor descreve na expressão homem "esperto/frito"; e mulher "boa", considerando em que países e classes sociais o situariam. Relacionar, também neste caso, com filmes ou seriados onde tenham visto personagens semelhantes.

c) Centralizar o diálogo na explicação da última estrofe, relacionar com fatos do passado e do presente que conheçam, sobre intervenção armada (ou ameaça) dos Estados Unidos em outros países.

d) Procurar recortes da atualidade ou de publicidade que sirvam para ilustrar qualquer uma das estrofes do poema.

(*) O autor usa a expressão "un hombre es/está listo", que em espanhol tem duplo sentido. (N. T.)

# Atividades para promover a participação

Um dos propósitos das atividades descritas neste capítulo é dinamizar o grupo de classe para provocar uma participação mais intensa dos alunos no tratamento do tema que estiver em questão. Outro propósito é promover a capacidade de trabalho autônomo e cooperativo no grupo de classe (que é a classe entendida como grupo).

O primeiro objetivo nasce da convicção que fundamenta este trabalho, que consiste em que se aprenda através da própria atividade e participação no processo de aprendizagem. Esta participação pode ser aparente e enganosa na aula tradicional, baseada na explicação-dissertação do professor.

É freqüente nosso desapontamento quando, depois de aplicar alguma forma de avaliação, comprovamos que a impressão que tínhamos de que o tema havia sido compreendido era errada. Em que se baseava essa impressão? No fato de que havíamos esclarecido as questões por eles colocadas e que ninguém havia respondido com um redondo "não!" ao nosso tradicional "vocês compreenderam?". Outro equívoco é que a participação assídua de um grupo de alunos que se põe a perguntar e opinar disfarça a "marginalização" do resto da classe. Se esse desinteresse é barulhento, isto é, se se expressa com conversas, desordem ou outras formas de boicote, nós, professores, nos damos conta, rapidamente, de que a "coisa não está funcionando". Porém se os alunos permanecem dócil e silenciosamente em seus lugares, tendemos a nos iludir com a suposição, que é falsa no caso do ensino, de que quem cala está de acordo com o que foi dito, ou, pelo menos, "por dentro" do assunto.

Trata-se, então, de implicar os alunos no processo de aprendizagem para que assumam nele um papel ativo de protagonistas, a fim de que nos possamos preocupar mais em conduzir "seu" aprendizado do que de "ensinar-lhes".

Daí a necessidade de promover formas de trabalho que conduzam à participação de todos os alunos ou do maior número possível deles. Porém, também assinalei acima outras duas qualidades desejáveis nos alunos:

a) A capacidade de trabalhar de maneira autônoma: poderíamos supor que na idade à qual estamos nos referindo, os alunos já são capazes de possuir autonomia no trabalho, mas para que isso seja possível é necessário que haja certas condições:

• que estejam motivados para encarar a tarefa em questão;

• que tenham adquirido um certo método de como realizar o tipo de trabalho que lhes foi solicitado ou ao qual se propuseram;

• que lhes seja exigido (de forma lógica e adequada) o melhor nível de que são capazes, conduzindo-os à auto-avaliação;

• que o professor os habitue a que, terminado um trabalho, este seja analisado, criticado e que seja valorizado não só pelo resultado obtido (uma monografia, um resumo, um mural, etc.) como também o método aplicado, o aproveitamento adequado dos materiais ou fontes de informação de que se dispunha, o interesse e o esforço empregados na tarefa, a originalidade e o nível alcançado com relação ao tempo concedido para fazê-lo.

b) Porém, para conseguir uma certa capacidade de trabalhar autonomamente em grupos ou de forma individual, é necessário desenvolver uma atitude cooperativa, que os faça sentir responsáveis pelo processo de aprendizagem de seu grupo de classe ou dos membros de seu pequeno grupo de estudo ou discussão. Isto se baseia não só numa concepção do homem que valoriza positivamente essa atitude cooperativa, como também se fundamenta na enorme influência que o grupo tem na aprendizagem dos membros que o compõem: a tônica geral do grupo pode animar ou desanimar os alunos, concentrar ou dispersá-los, pode mobilizar ou inibir suas capacidades, pode estimular a que participem ou não e, resumindo, os grupos podem ajudar a aprender ou dificultá-lo.

Daí a importância, também deste ponto de vista, de que o grupo de classe em conjunto seja ativo e positivo em suas atitudes frente ao aprendizado. Isto nos leva a cogitar diferentes formas de organizá-lo para que ocorra tal mobilização. A este respeito podemos obter importantes informações da bibliografia sobre técnicas de grupo. Encontraremos várias possibilidades de organizar a participação dos alunos, dependendo dos propósitos que tivermos em vista, em cada caso. Não se trata de segui-las mecanicamente, mas pode ser um ponto de partida principalmente no caso de não possuirmos experiência no assunto.

Qualquer que seja a forma que escolhermos, considero conveniente combinar equilibradamente os três estilos de trabalho:

• individual: é importante incluir etapas de pesquisa e informação individual, para o próprio desenvolvimento pessoal e porque o aluno que não sabe trabalhar sozinho será no grupo um sujeito passivo, que fará perder tempo e perderá o seu.

• em grupos pequenos: porque é a forma de que todos possam participar no debate e expressar-se, sem que a participação dos elementos mais ativos e inquietos da classe façam minguar as possibilidades dos mais lentos, tímidos e inseguros.

• com o grupo grande da classe em seu conjunto: é quando aparecem os resultados das buscas individuais ou os resultados e conclusões dos grupos pequenos.

Com respeito aos grupos pequenos de trabalho, creio que todos nós que os empregamos, tivemos certos fracassos mais ou menos estrepitosos. Nestes casos, o erro talvez estivesse no fato de não terem experiência prévia neste tipo de trabalho, passando, sem auxílio, de executores das ordens dadas pelo professor, a terem que realizá-las, devendo decidir como executá-las, como organizarem-se, como coordenarem-se com seus companheiros sem a intervenção direta do professor. Surgem assim condutas típicas destes casos: discutir por discutir, não ceder, dificuldade para aceitar oposição, tendência à distração, inibição e fechamento em si mesmo de algum membro em desacordo. Porém tudo isto deve ser enfrentado, já que se trata justamente de aprender a superar estas dificuldades. Devemos considerar que tais dificuldades diminuirão, se nós, professores, nos propusermos como meta ensinar-lhes a trabalhar em grupos, em etapas sucessivas de dificuldade crescente. Neste caso, poderá ser útil levar em conta que:

• quanto menos experiência de trabalho em comum tiver o grupo, mais delimitada e dirigida (por exemplo, através de um roteiro) será a tarefa;

• quanto mais claro estiver o que se espera que o grupo produza e as condições que devem ter seus trabalhos, mais fáceis serão as relações humanas dentro dele;

- se os elementos do grupo carecem de experiência, o tempo destinado ao trabalho, antes de chegarem a acordos ou exporem o que foi realizado, deve ser relativamente curto;
- ajuda bastante incluir, no final da experiência, a possibilidade de que o grupo reveja suas atitudes e as auto-avalie;
- os alunos devem estar esclarecidos sobre o papel do coordenador, como convém que atue e que mecanismos empregar para dissolver os conflitos que detêm o curso das discussões.

1) *Mesa-redonda: O serviço militar*
Idade: 2.ª série do ensino médio, 15-16 anos.
*Tempo*: duas aulas.
*Objetivos*
a) Informar-se sobre as diferentes posições defendidas atualmente com respeito a este tema.
b) Promover o intercâmbio de idéias.
c) Adquirir condutas apropriadas para desempenhar em debates, mesas-redondas e assembléias.


*Desenvolvimento*

a) Esta mesa-redonda foi realizada com relação ao estudo da Constituição espanhola de 1978, em cujo artigo 30 fica estabelecido:

1 — "Os espanhóis têm o direito e o dever de defender a Espanha";
2 — "A lei determinará as obrigações militares dos espanhóis e regulará, com as devidas garantias, a objeção de consciência, assim como outras causas de isenções do serviço militar obrigatório, podendo

impor, neste caso, uma prestação social substitu-
tiva".

Foram escritas na lousa as opções que os alunos conheciam sobre o serviço militar, eles foram informados
de outras e ficou o seguinte:
- serviço militar obrigatório para homens, com a
duração atual;
- serviço militar obrigatório para homens, com a duração de três meses;
- serviço militar obrigatório para todos, incluindo as
moças;
- serviço militar voluntário;
- objeção de consciência, realizando uma prestação
social de duração igual ao período de serviço militar;
- objeção de consciência, realizando uma prestação
social de duração maior que a do serviço militar.
Foi lido também um artigo da imprensa sobre o serviço militar em diversos países.

b) Através do que eles conheciam da recente cam-
panha eleitoral, de cartazes no metrô e de seu próprio
ambiente, somados à informação que lhes foi proporcionada, pôde-se identificar os que defendem, em nossa sociedade, cada uma das posições, e os alunos definiram
uma série de personagens que poderiam representá-las.

Estes personagens foram repartidos entre os alunos
que queriam representar tais papéis. Escolheu-se um
coordenador.

c) Cada "personagem" se reuniu com um grupo de
"assessores" para se preparar, ficando a classe dividida em seis grupos. Cada grupo redigiu um documento,
formulando os argumentos pertinentes para defender
sua posição.

d) Desenvolvimento da mesa-redonda: breve exposição de cada um dos membros e, após isso, debate in-
formal entre eles.

e) Participação do resto da classe, através de perguntas aos representantes das diferentes posições e debate geral.

f) Terminado o debate, diálogo intercambiando pareceres a respeito do desenvolvimento da atividade em seu conjunto, avaliando-a.

g) Redação individual: "Minhas idéias sobre o serviço militar".

*Observações*

As mesas-redondas em combinação com o debate são um recurso de utilização freqüente, podendo ser preparadas de várias maneiras, mas é conveniente levar em conta os seguintes pontos:

• garantir uma etapa prévia de informações sobre o que vai ser discutido;

• combinar a discussão em grupos pequenos (como preparação) com o debate em conjunto, para promover a participação de todos;

• incluir, no final, uma auto-avaliação das atitudes e da participação;

• fazer com que ocorra um momento de reflexão individual, no início (alguns minutos para a anotação de idéias sobre o assunto em questão); ou no final (expressando suas opiniões, resumindo os conceitos fundamentais, enumerando as questões esclarecidas, etc).

2) *Debate: É correto que as mulheres sejam mineiras?*

*Idade*: 2ª série do ensino médio, 15-16 anos.

*Tempo*: uma ou duas aulas.

*Objetivos*

a) comparar uma reivindicação atual da mulher com reivindicações do movimento operário no século XIX.

b) Os mesmos que no caso anterior, com relação ao desenvolvimento de atitudes apropriadas no diálogo e no debate.

*Desenvolvimento*

a) A atividade se desenvolveu relacionada com o tema de História: "Situação do proletariado no século passado". Organizaram-se em grupos para ler os seguintes textos:
• cópia de um recorte da imprensa a respeito da polêmica em torno da reivindicação, por parte de jovens do sexo feminino, do direito de serem contratadas nas minas;
• "Da mina sai seu mineral e do poço, seus servos (...) bandos de jovens, ai! de ambos os sexos, embora nem sua roupa nem sua linguagem indiquem a diferença; todos levam vestimentas masculinas e promessas, que poderiam estremecer os homens, brotam de lábios nascidos para pronunciar palavras doces. Contudo, elas serão — algumas já o são — as mães da Inglaterra.

(...) Despida até a cintura, uma moça inglesa, durante doze e às vezes dezesseis horas diárias, puxa, com a ajuda das mãos e dos pés, uma corrente de ferro que, presa a um cinturão de couro, corre entre suas pernas forradas de calças de lona para transportar tinas de carvão..." (Disraeli, "Sybil", 1845);
• "Na Bélgica, em 1876, um decreto real proíbe o trabalho, nas minas, dos meninos menores de 12 anos e das meninas menores de 14." (Pierre Leon; *Historia económica y social del mundo*);
• "Proibição do trabalho aos meninos menores de nove anos e de todo trabalho pouco higiênico ou contrário aos bons costumes para as mulheres." (Programa do Partido Socialista Operário Espanhol, 1879);

- na Grã-Bretanha "o Mining Act de 1842 proibiu o trabalho das mulheres e meninos menores de 10 anos nos trabalhos subterrâneos". De acordo com um informe de 1866: "desde 1842, as operárias trabalham, ainda que não mais debaixo da terra, mas na superfície, carregando vagonetes, etc., levando e trazendo as cubas aos canais, puxando os vagões, crivando o carvão, etc. São em sua maioria mulheres, filhas e viúvas de mineiros, que variam entre os 12 e 50 ou 60 anos". "Nós, operários mineiros, sentimos respeito demais pela mulher para poder vê-la condenada ao trabalho das minas. Trata-se, em sua maior parte, de trabalhos árduos. Muitas dessas moças levantam até 10 toneladas por dia." "É um trabalho (o das minas) para homens fortes." (Citado por Karl Marx em *O Capital*).

b) O tema foi discutido pelos grupos. Escolheu-se então um porta-voz que expressou a opinião de seu grupo sobre se é conveniente ou não admitir o trabalho de mulheres nas minas.

c) Debate generalizado sobre o tema, durante o qual o professor ia tomando nota no quadro-negro dos argumentos que iam surgindo, a favor ou contra.

d) Resumo oral dos argumentos. Avaliação do debate.

e) Individualmente fizeram uma redação das próprias conclusões sobre a pergunta em discussão.

*Observação*

Dentro do possível, não me parece conveniente incluir votações, nestes debates, que impliquem tomadas de posição bastante comprometedoras, porque o objetivo não é definir a classe em um ou outro sentido, mas colocar os alunos em situação de ter que buscar argumentos para fundamentar suas opções, expressar pontos de vista, ajudá-los a esclarecer o problema, tomando

CIÊNCIAS SOCIAIS NA ESCOLA

consciência das diferentes maneiras de vê-lo, e a ampliar sua informação. Considero que as votações têm os seguintes inconvenientes:

• Propiciam o fechamento em posições mais rígidas, ainda que não vejam as coisas muito claras;

• Forçam a definição sobre temas com os quais acabam de entrar em contato, sem tempo suficiente para realizar um processo pessoal de amadurecimento. Por isso creio que sempre devemos fazê-los sentir que não acontecerá nada se mudarem de opinião, que pode ser índice de maturidade. Isso não exclui a votação de temas cujas problemáticas os atinjam diretamente e ante os quais devam assumir uma posição para resolver um problema: temas relacionados com a escola, suas relações com os professores, organização de atividades, etc.

3) *Dramatização: "As classes sociais na Revolução Francesa"*

*Idade*: 2ª série do ensino médio.

*Duração*: uma aula.

*Objetivos*

a) Esclarecer a participação e os interesses das diferentes classes no processo revolucionário.

b) Vivenciar uma experiência dos conflitos de classe que se dão na História.


*Desenvolvimento*


a) Quando foi posta em prática esta atividade, os alunos já haviam completado e corrigido um roteiro de estudos sobre a Revolução Francesa, no qual uma das perguntas se referia à falta de conformidade, por razões diversas, dos diferentes estratos sociais, no início do processo revolucionário francês. Haviam lido e analisado também um "Livro de queixas" contendo reivindicações de camponeses:

- Que todos os impostos sejam pagos pelas três ordens, sem exceção, cada uma segundo suas possibilidades econômicas.
- Que haja uma única lei para todo o reino.
- Supressão total de todas as taxas e impostos.
- Isenção de impostos para todas as feiras e mercados e abolição de todos os pedágios.
- Supressão de toda ordem de *décima*[13] em vigência.
- Extermínio dos pássaros, que provocam muito prejuízo, tanto durante a semeadura como em tempo de colheita.
- Que o direito de propriedade seja sagrado e inviolável.
- Que a justiça seja aplicada com mais rapidez e menos parcialidade.
- Abolição total das *corvéias*,[14] de qualquer classe.
- As paróquias necessitam de um vigário, tendo em conta a distância de algumas fazendas; também precisam de um professor e uma professora para a educação dos jovens.
- Que todos os padres sejam obrigados a realizar todas as funções de sua atribuição sem exigir nenhuma retribuição.

(Citado em *Materiales para la clase*, Grup Germania-75, Editorial Anaya.)

Essa dramatização tinha o caráter de atividade final do tema.

---

(13) Décima: imposto que abrangia a décima parte de um rendimento.

(14) Corvéia: trabalho gratuito prestado pelo camponês ao seu senhor ou ao Estado.

CIÊNCIAS SOCIAIS NA ESCOLA

Num primeiro momento dividiu-se a classe em setores, personificando cada setor em:

- aristocracia e alto clero;
- burguesia;
- classes populares urbanas;
- camponeses, alguns com terra, outros sem propriedade.

b) Cada setor caracterizou oralmente seu grupo, expressando como eram seu modo de vida, suas ocupações, seus privilégios, seus deveres e obrigações.

c) Cada grupo redigiu um "Livro de queixas", ou seja, sua própria lista de reivindicações, de acordo com seus interesses.

d) As reivindicações foram expostas, escritas na lousa, de forma que pudessem ser vistas por todos.

e) Cada grupo simulava que a classe a qual estava representando tomava o poder e arrolava as medidas que tomaria em função dessas reivindicações. As demais classes sociais reagiam com queixas ou oposições, na medida em que lesavam seus interesses. Assim puderam ver como às vezes, dois estratos sociais se reuniam para opor-se a determinadas medidas. Viram também como haviam interesses irreconciliáveis.

f) Depois foi a vez da "burguesia" tomar o poder e negociar com os representantes da nobreza e do povo, as reivindicações (da lista, elaboradas no início) que poderiam ser outorgadas e as que não poderiam ser atendidas por serem inconvenientes a seus próprios interesses. Viram então, como os setores populares podiam se unir à burguesia contra a aristocracia, mas logo se deparavam com interesses antagônicos a ela. Os membros da "burguesia" deliberavam e apagavam da lousa aquilo que não aceitavam, restando, finalmente, apenas o programa que concediam.

g) Foi lida a "Declaração dos Direitos Humanos" chamando a atenção para os artigos aonde podiam ser vistos os interesses e aspirações da burguesia daquela época.

*Observações*

• Na lista de reivindicações apareciam algumas baseadas no que havia sido explicado ou lido em classe, mas também figuravam elementos feitos pelos próprios alunos ("aumento de salário para os empregados", "divisão de terras entre os camponeses", "trabalhar menos horas"). Estas últimas foram admitidas porque tratava-se fundamentalmente de que compreendessem como cada setor social tinha seus interesses (ou tem), e estes se conciliavam num determinado momento apesar de manter-se a oposição num sentido mais profundo.

• Este é um tipo de exercício adequado para esclarecer as idéias ou sentimentos das pessoas que tomaram parte num determinado processo, colocar-se em suas peles, por exemplo: "os habitantes de Roma e os primeiros cristãos", "os índios e os colonizadores", "os diferentes setores da sociedade colonial frente à independência das colônias americanas".

4) *Imitando o rádio: Programa sobre o aborto*
*Idade*: 2ª série do ensino médio, 15-16 anos.
*Tempo*: quatro aulas.
*Objetivos*
a) Despertar o interesse sobre um tema de extrema atualidade.
b) Informar-se sobre as posições frente ao aborto defendidas por diferentes movimentos, partidos ou instituições.
c) Expressar dúvidas, inquietações ou comentários levantados pelo tema.

CIÊNCIAS SOCIAIS NA ESCOLA 157

## Desenvolvimento

a) Este conjunto de atividades desenvolveu-se com relação à interpretação do artigo 15 da Constituição que estabelece "o direito à vida"; direito invocado como argumento pelos setores sociais contrários à descriminação do aborto.

Para mobilizar ao máximo a participação, reproduziu-se o esquema de um programa de rádio, com a participação dos ouvintes. A primeira etapa foi informativa, destinando-se um tempo considerável à leitura e anotações sobre o tema, trabalhando-se principalmente com artigos de jornais e posturas da Igreja, partidos políticos e organizações de diversos tipos.

b) Distribuição dos papéis a serem representados durante o desenvolvimento do "programa". Escolheram voluntariamente entre:

• a direção do programa;

• uma deputada da Coalizão Popular, que defenderia uma posição contrária à descriminação do aborto;

• uma deputada do Partido Socialista, que defenderia a descriminação do aborto com três condições: tratar-se de estupro, malformação do feto e risco para a saúde da mãe;

• uma feminista que defenderá o direito da mulher de decidir livremente se leva ou não adiante a gravidez;

• uma repórter que, na "rua", perguntaria a opinião aos pedestres;

• um grupo que representaria "pedestres" livres para opinar em um ou outro sentido;

• os demais seriam "ouvintes" que poderiam ligar para "a rádio", para fazer perguntas aos convidados do programa ou para expressar suas opiniões. Entre os ouvintes haveria duas que ligariam contando que haviam abortado clandestinamente, por que e como haviam se sentido.

c) Finalmente se desenvolveu e gravou o programa, de aproximadamente uma hora de duração, com a seguinte mecânica de funcionamento:

• a locutora dialoga com as três convidadas (as duas deputadas e a militante feminista), as quais expressam suas opiniões e argumentos;

• o locutor conecta com a rua e intervém a repórter que está fazendo sua pesquisa de opinião;

• participação dos ouvintes: perguntas, opiniões, experiências;

• a locutora e suas convidadas encerram o debate, tirando cada uma suas próprias conclusões.

*Observação*

O rádio é um meio de comunicação que ultimamente está fazendo interessantes experiências de participação dos ouvintes com suas opiniões, denúncias e consultas. Há diversos esquemas de participação e as emissoras concorrem na busca de programas mais dinâmicos, participativos e abertos à problemática social. Muitos de seus esquemas podem ser levados à classe numa espécie de "brincar de rádio", que os faça afrontar a informação sobre um assunto, de maneira divertida e ativa. Outra possibilidade, é substituir a clássica monografia sobre um tema pela criação e gravação em fita de um suposto programa de rádio, com o modelo de funcionamento escolhido pelos alunos.

# Atividades finais
# para os mais novos

A propósito destas atividades é conveniente recordar que objetivos atribuímos às Ciências Sociais dentro do currículo que os planos de estudos propõem para os adolescentes. Poderíamos sintetizá-los da seguinte maneira:

a) Adquirir uma informação mínima para:

• compreender as principais características da época atual e sua origem;

• compreender a relação do homem com o meio.

b) Adquirir um senso de observação das atividades humanas e dos fatos contemporâneos, que os introduza na atitude de pensar criticamente a partir da observação da realidade.

c) Adquirir métodos e técnicas de trabalho intelectual que possam ser aplicados à capacidade de informar-se a partir de diferentes fontes. Temos por hábito acreditar de que é na escola, e mais especificamente dentro do ciclo de ensino obrigatório, onde estes objetivos deveriam ser cabalmente efetivados. Daí nossa angústia se, por falta de tempo, não conseguimos desenvolver este ou aquele tema. Não obstante, é absurdo pensar que nesta idade irão adquirir toda a informação que necessitam como cidadãos para se instrumentarem de forma crítica e consciente em nossa sociedade. Por outro lado, é evidente que os conteúdos informativos são esquecidos, basta ver o que lembram do programa de História da série anterior. A experiência nos leva a observar que, em compensação, o que permanece são:

• as descobertas que tenham feito por si mesmos, altamente motivados;

• as grandes linhas de evolução e mudança (se houvermos trabalhado de maneira que as possam ter percebido em lugar de intoxicá-los com datas, fatos e cifras);

• os conceitos muito investigados e repetidamente usados;

• os hábitos e técnicas de trabalho que tenham adquirido;

• o gosto pelo saber ou, infelizmente, a resistência a ele.

Tudo isto é ainda mais importante para os meninos que iniciam um aprendizado sistemático e formal destas disciplinas, nas últimas séries da escola primária, com aproximadamente 11 anos. Neste caso, não se trata de ver os objetivos enunciados como um fim a ser alcançado integralmente no curso, mas sim como uma direção para orientar o trabalho, sendo nosso principal meio despertar o gosto, o interesse por continuar aprendendo, porque isto é a base de todo o resto. Se saem de nossas aulas com a idéia de que Ciências Sociais é algo tedioso, chato e de muita memorização estaremos ajudando a desenvolver atitudes de apatia e desinteresse frente a uma informação social e política, de muita transcendência em seu processo de amadurecimento.

No caso dos alunos mais novos do conjunto ao qual se refere este livro, trata-se fundamentalmente de lhe possibilitar experiências cuja realização realmente possam desfrutar, o que abrirá boas possibilidades para aprendizagens posteriores.

Com estas crianças também devemos evitar que o ritmo de trabalho seja sufocante, que se passe "correndo" por inúmeros temas, sempre pressionados pelo relógio. É importante proporcionar momentos de revisão e aplicação do que foi estudado, através de atividades finais bem selecionadas. É um mau sintoma omitir estas atividades (insisto principalmente no caso dos mais novos, de 11-12 anos) e devido à ansiedade de cumprir o prazo e a programação, passar para novos assuntos, sem ter tomado o cuidado de assentar e aprofundar os anteriores. Também considero negativo não nos atrevermos a introduzir um projeto que nos pareça interessante, atrativo, motivador, fonte de novas aprendizagens, mas que se introduzido subtrairá tempo para o desenrolar rotineiro deste ou daquele tema da programação oficial.

Assim, recaímos em um assunto já visto: um ensino ativo, motivador, desenvolvido num ambiente agradável e não neurotizante implica revisar os conteúdos e cerceá-los ou simplificá-los. Ao invés disso, os livros didáticos tendem a nos levar à extensão e profusão de dados, se não tomarmos o cuidado de selecionar a informação que nos proporcionam. A necessidade de revisar os conteúdos e adaptá-los à realidade de nossa escola implica trabalhar com a programação de maneira coordenada com outros companheiros do mesmo nível. Coordenação que também é imprescindível para elaborar uma programação de técnicas que devam ser adquiridas:

- interpretação de mapas (orientação, escalas, símbolos);
- interpretação e elaboração de gráficos de diversos tipos e de dados estatísticos simples;
- a análise de testemunhos de diversos tipos;
- interpretação de informação escrita;
- preparação ordenada e eficaz dos materiais de estudo (anotações, resumos, esquemas, sinopses);

162 MARÍA TEREZA NIDELCOFF

- experiência de trabalho em grupo e de participação em assembléias e debates.

A programação em conjunto pressupõe o estabelecimento de uma gradação de níveis de complexidade crescente em cada uma destas capacitações e atividades repetitivas de aplicação das mesmas.

## 1) *Um filme com desenhos*
*Idade*: 11-12 anos.
*Tempo*: cinco ou seis aulas.
*Objetivos*

a) Revisar de uma maneira divertida e ativa a informação sobre uma região que tenha sido estudada.

b) Aprender a construir objetos que nos proporcionem satisfação, utilizando materiais muito simples ou descartáveis.

*Desenvolvimento*

a) Escrever na lousa todos os temas propostos pelos alunos para que sejam incluídos no "filme", sobre o relevo, clima, atividades humanas, folclore, etc., da região em questão.

b) Repartir os temas de forma que façam uns vinte desenhos. Os alunos, ou alguns deles, farão um rascunho do projeto do tema designado para representar, por exemplo: um desenho que expresse ser uma região de chuvas abundantes. Discutir os projetos com o professor, incorporar sugestões deste ou dos demais companheiros.

c) Fazer o desenho definitivo em papel transparente e pintá-lo com canetas hidrográficas, tinta ou lápis de cera, com cores vivas.

d) Colar todos os desenhos, um em seguida do outro, na ordem estabelecida, numa longa tira que constituirá o "filme". Colocar no início a apresentação e tí-

CIÊNCIAS SOCIAIS NA ESCOLA 163

tulos e intercalar entre os desenhos outras folhas com subtítulos e alguma frase conveniente.

e) Confeccionar a "televisão" em que será visto o filme, com uma caixa revestida de papel escuro, no fundo da qual se instalará um soquete com lâmpada. Na parte dianteira, fazer lateralmente, em cima e em baixo, dois furos nos quais passarão cabos de vassoura onde serão colados os dois extremos do "filme" que será enrolado neles. Girando os cabos passará todo o filme pintado pela "televisão".

f) Cada aluno redigirá o roteiro de seu tema que acompanhará cada cena.

g) Gravar o roteiro com música típica da região. Os alunos deverão definir a forma de efetuar a gravação, se com a participação de todos ou escolhendo um grupo para fazê-lo.

h) A "projeção" exige um certo ensaio, para ir passando os desenhos de forma sincronizada com o texto gravado.


*Observações*

• Esse procedimento, que foi empregado também para temas sobre o meio, países e biografias é, naturalmente, uma atividade para alunos bem pequenos.

• Estas atividades podem ser coordenadas com Artes Plásticas, o que também permite empregar mais tempo nelas. O mesmo pode ser feito com os murais de que falaremos a seguir.

• Uma variação dessa atividade é fazer os desenhos em cartolinas e fotografá-los em diapositivos, fazendo com eles uma montagem audio-visual.

2) *Murais coletivos*
*Idade*: 11-12 anos.

*Tempo*: quatro aulas.

*Objetivos*

Revisar a informação adquirida sobre uma região ou período histórico.

### Desenvolvimento

a) Pintar sobre papel de embrulho o fundo do mural, com dimensões que permitam trabalhar comodamente; por exemplo, dois por três metros.

Previamente discutir o que convém pintar, de acordo com a paisagem da região que estamos revisando ou, no caso de uma cena histórica, procurar documentação nos livros disponíveis, para escolher um fundo adequado. Por exemplo: se o mural representar a Europa feudal, deverão ser pintados um castelo, os casebres dos camponeses, os lotes, o bosque, os pastos. É uma tarefa que os impulsiona à pesquisa que será realizada.

b) Enquanto uma equipe escolhida para isso desenha e pinta o fundo do mural, o resto da classe desenha, pinta e recorta os personagens representando todas as atividades humanas, sociais e econômicas abarcadas pelo tema escolhido: os trabalhos, os transportes, as festas, cenas cotidianas ou freqüentes. No exemplo citado da Europa feudal, representariam os diversos trabalhos dos camponeses, as diversões do senhor (por exemplo, a caça), os bufões, os camponeses cumprindo suas obrigações dentro do feudo. Também essa tarefa exige investigação, observando gravuras para ver como se vestiam, como eram suas ferramentas, seus meios de transportes, etc.

c) Colar os personagens no lugar adequado e montar definitivamente o mural.

3) *Desenhar histórias em quadrinhos*
*Idade*; 11, 12 e 13 anos.
*Tempo*: varia muito, de acordo com a extensão do trabalho a que se propõe.
*Objetivos*
a) Os mesmos das atividades anteriores, como atividade de revisão e reforço de alguns temas estudados.

b) Empregar a linguagem das histórias em quadrinhos e toda sua riqueza de expressão, aprendendo a utilizar alguns de seus recursos.

*Desenvolvimento*

a) Em primeiro lugar, definir o assunto sobre o qual se trabalhará. É um recurso válido para temas do tipo dos mencionados anteriormente: para revisar e aplicar informação sobre países, regiões ou épocas que tenham sido estudados, através de aventuras ou viagens imaginárias nesses cenários.

b) Se é a primeira vez que desenham "histórias em quadrinhos", dedicar um tempo para a explicação dos recursos que podem utilizar e para observação de seu emprego em histórias em quadrinhos editadas em revistas: o balão, a tira, os textos, a onomatopéia, expressões faciais básicas e proporções do corpo.

c) Trabalhando em grupos, inventar histórias, viagens ou aventuras que transcorram na época ou país sobre o qual se estiver trabalhando.

d) Definir os personagens, desenhar rascunhos até que se chegue a um acordo no grupo sobre eles. Conferir com o professor os dados de "ambientação" com respeito à época ou país em questão, paisagem, trajes, meios de transporte, etc. É importante que se disponha, para a aula, de material de consulta para estes aspectos.

e) Definir a seqüência das tiras e começar a desenhá-las, repartindo os personagens, de modo que haja a maior continuidade possível nos traços. Escrever os textos.

f) Montar as "revistas" e intercambiá-las com os demais grupos.

*Observação*

Essa tarefa pode ser coordenada com Artes Plásticas, Comunicação e Expressão, assim como as anteriores.

4) *Marionetes*
*Idade*: 11, 12 e 13 anos.
*Objetivos*
Os mesmos que nos casos anteriores.

Esta é uma atividade de longo alcance e que somente nos convém se pudermos ter um certa continuidade dentro do ciclo e do centro escolar, de forma tal que em cursos sucessivos possamos ir montando um pequeno conjunto de bonecos e trajes.

O objetivo é que, através dos trajes, telões e cenas inventadas pelos alunos, eles repassem um panorama da civilização anteriormente estudada e ao mesmo tempo se sintam motivados para investigar, ampliando assim sua informação. É, de qualquer modo, quase imprescindível coordenar a atividade com Artes Plásticas.

*Preparação do material*

Construir fantoches aproveitando cabeças que os garotos possam já ter feito ou confeccionando-as na aula de Artes Plásticas com papel *maché* ou outros materiais.

As roupas podem ser fixas, unidas ao boneco definitivamente, ou este pode ter uma roupa básica, de qualquer pano, sobre a qual seja possível pôr os trajes apropriados ao tema em questão.

O teatrinho pode ser improvisado com cadeiras e um lençol. Neste caso, não é possível pensar em telões de fundo de cena. Mas se a escola dispuser de um teatro de marionetes, coisa acessível, pode-se trabalhar com telões de cartolina, representando um fundo adequado.

*Utilização da marionete*

Uma vez que se disponha do material, tenha ele sido elaborado ou herdado de cursos anteriores, é o momento de representar cenas, preparando o diálogo em grupos. Por exemplo: se vamos representar uma rua da antiga Roma, as cenas irão se referir às conversas que poderiam ser ouvidas, sobre César, sobre os espetáculos, sobre os cristãos, sobre notícias do Império, sobre novas construções, cenas de comércio, ofícios, compra e venda de escravos, etc.

Também podem ser montadas cenas fixas, armando o cenário a partir de laterais, que serão pintadas como cenários adequados à época, onde serão colocados os personagens (marionetes mantidas em pé com a ajuda de garrafas ou outro meio).

# Atividade: monografias

A freqüência com que se recorre a esta atividade justifica dedicar-lhe um espaço, interrogando-se sobre a conveniência de incluí-las em nossa programação e dentro de que pressupostos, já que nem sempre nos satisfazem seus resultados.

As críticas não são, entretanto, dirigidas ao método em si, mas às aplicações concretas que costumamos fazer dele em nossas matérias. Entre os aspectos negativos das monografias realizadas por nossos alunos, podemos mencionar os seguintes:

• uso e abuso da cópia: há monografias que são uma sucessão de fragmentos copiados de diferentes livros, às vezes, inclusive, sem ter uma compreensão exata do texto selecionado;

• durante sua leitura, percebemos um profundo desnível quanto aos conceitos e à forma, entre o tratamento que estão dando ao problema seguindo (com excessiva fidelidade) uma bibliografia e quando, por outro lado, se expressam por si mesmos, com suas próprias idéias e estilo. Como estes últimos demonstram seu verdadeiro nível, a diferença observada indica que os do primeiro caso estão se limitando a reproduzir uma bibliografia sem passá-la por um processo pessoal de "diges-

CIÊNCIAS SOCIAIS NA ESCOLA

tão" e assimilação das informações, o que seria indispensável para alcançarem um manejo pessoal dessas informações;

• falta de clareza, que está relacionada com problemas de redação ou, freqüentemente, com a falta de compreensão da bibliografia utilizada;

• o ponto anterior está relacionado com a dificuldade de encontrar bibliografia adequada para esta idade (11 a 13 anos): simples, compreensível mas suficientemente ampla para realizar a investigação bibliográfica que uma monografia pressupõe;

• má estruturação do trabalho: em primeiro lugar, de seu índice ou guia, e em segundo lugar, dos conteúdos de suas notas;

• levando em conta a extensão dos trabalhos (por uma certa tendência a crer que quanto mais longos, melhor) e o número de alunos por classe, torna-se muito difícil corrigir a ortografia, redação e conteúdo, dando-lhes a possibilidade de refazer o que foi corrigido, superando os erros assinalados, sendo esta última etapa necessária se a monografia for tomada como método para dirigir o trabalho pessoal;

• falta de clareza por parte dos professores, a respeito do fim para o qual indicam uma monografia: se como forma de avaliação, como meio para que aprendam a consultar e manejar uma bibliografia, para que se aprofundem em um tema, para que adquiram informação básica e elementar sobre o tema, para que aprendam a trabalhar com autonomia...

Como qualidades desejáveis em uma monografia e em seu processo de realização, podemos assinalar:

• que nós, professores, tenhamos claro com que objetivos propomos esta atividade e que a organizemos em função deles;

• que os temas sejam adequados à idade dos alunos;

- que os trabalhos tenham uma redação pessoal e exprimam um verdadeiro manejo da bibliografia consultada;

- que se reduza a extensão e profusão de dados em função de uma maior clareza e uma verdadeira assimilação da informação selecionada;

- que os alunos saibam explicar e expor o conteúdo do trabalho, caso lhes seja solicitado, demonstrando um domínio do tema sobre o qual escreveram;

- se o objetivo é que os alunos adquiram um método adequado para abordar um tema e/ou realizar o aprendizado de uma informação determinada, é conveniente que sejam feitas somente as monografias que o professor possa corrigir, comentar com os alunos as correções efetuadas e voltar a corrigi-las, uma vez que tenham sido feitas as alterações sugeridas, refeito o que não estiver claro, retificados os erros e reapresentado o trabalho, com melhor qualidade. Os passos sugeridos para dirigir a realização de uma monografia são os seguintes:

1) aproximação do tema e exploração de suas dificuldades e possibilidades, por meio de uma introdução oral do professor (no caso de todos os alunos trabalharem sobre o mesmo tema) ou de uma leitura do material mais simples e geral de que os alunos disponham, como por exemplo, o material escolar;

2) elaboração de um questionário ou roteiro sobre o qual se irá trabalhar. Comentá-lo com o professor, que sugerirá as modificações que considerar necessárias, de forma que as questões ou pontos fiquem claramente enunciados ou compreendidos;

3) pesquisa da informação;

a) se os alunos não têm o hábito de freqüentar bibliotecas, é o momento de aprender a manusear os fichários e de procurar neles a bibliografia;

CIÊNCIAS SOCIAIS NA ESCOLA

b) é também o momento, se não o sabem fazer, de que aprendam a citar e a confeccionar fichas resumindo a informação ou citando-a textualmente;

c) selecionar dados e organizá-los em fichas, orientando-se pelos pontos ou perguntas do roteiro, separando as fichas em três tipos:

• fichas com os temas do roteiro, como título, copiando ou resumindo informação, devidamente citada;

• fichas com novos títulos, que não haviam sido previstos ao redigir-se o roteiro, contendo informações sobre aspectos do tema em questão;

• fichas com opiniões pessoais ou perguntas que vão surgindo à medida que se lê e se trabalha.

4) Organização do fichário: uma vez concluída a consulta bibliográfica, ordenar o fichário confeccionado, de acordo com os temas e subtemas iniciais e os que forem se acrescentando. Este é outro momento de consulta e trabalho conjunto com o professor, que pode ajudar a ordenar as fichas, sugerir subtemas e distinguir o caráter dos textos: colocações gerais ou questões particulares, enfoques descritivos e compressivos ou enfoques polêmicos, dados mais antigos e outros mais atualizados, afirmações ou colocações de problemas, conclusões, hipóteses...

5) Elaboração do roteiro definitivo.

6) Após adquirir bastante desenvoltura no manejo dos dados recolhidos nas fichas, para cada tema, elaborar um esquema-base de cada ponto do roteiro. Trata-se de outro momento em que se requer a consulta e orientação do professor.

7) Redação ponto por ponto, tomando em conta o esquema prévio.

8) Leitura e autocorreção do trabalho.

9) Elaboração de um capítulo final que leve necessariamente a dominar e ponderar a informação com a qual se trabalhou; por exemplo: tirar conclusões pes-

soais, elaborar um questionário de exame do tema, com exercícios de vários estilos, e resolvê-los, redigir uma série de perguntas para debate.

10) Passar a limpo e apresentar a monografia.

11) É importante incluir um momento final em que o aluno deva mostrar o domínio que tem sobre o conteúdo de seu trabalho, por exemplo, em um colóquio com o professor ou em uma exposição frente à classe.

**Sobre a autora**

Sou professora primária (do tempo em que existiam as escolas normais). Formei-me pela Faculdade de Filosofia de Rosário em história. Na Argentina fui professora dos cursos primários, secundário e superior, especialmente no *Instituto de Actualización Docente*. Na Espanha trabalhei também na escola primária (aqui chamada de *Educación General Básica*) e agora sou professora de uma escola média (técnica) em um bairro popular a oeste de Madri.

Dito assim parece muito fácil e rápido, mas na vida real foi muito mais complicado, azarado, triste e bonito.

Obras publicadas no Brasil: *Uma Escola para o Povo* e *A Escola e a Compreensão da Realidade*, ambas pela Brasiliense.

# Coleção Primeiros Passos
## Uma Enciclopédia Crítica

| | | |
|---|---|---|
| ABORTO | BUDISMO | DEMOCRACIA |
| AÇÃO CULTURAL | BUROCRACIA | DEPRESSÃO |
| ACUPUNTURA | CAPITAL | DEPUTADO |
| ADMINISTRAÇÃO | CAPITAL INTERNACIONAL | DESENHO ANIMADO |
| ADOLESCÊNCIA | CAPITALISMO | DESIGN |
| AGRICULTURA SUSTENTÁVEL | CETICISMO | DESOBEDIÊNCIA CIVIL |
| | CIDADANIA | DIALÉTICA |
| AIDS | CIDADE | DIPLOMACIA |
| AIDS - 2ª VISÃO | CIÊNCIAS COGNITIVAS | DIREITO |
| ALCOOLISMO | CINEMA | DIREITO AUTORAL |
| ALIENAÇÃO | COMPUTADOR | DIREITOS DA PESSOA |
| ALQUIMIA | COMUNICAÇÃO | DIREITOS HUMANOS |
| ANARQUISMO | COMUNICAÇÃO EMPRESARIAL | DOCUMENTAÇÃO |
| ANGÚSTIA | | ECOLOGIA |
| APARTAÇÃO | COMUNICAÇÃO RURAL | EDITORA |
| ARQUITETURA | COMUNIDADE ECLESIAL DE BASE | EDUCAÇÃO |
| ARTE | | EDUCAÇÃO AMBIENTAL |
| ASSENTAMENTOS RURAIS | COMUNIDADES ALTERNATIVAS | EDUCAÇÃO FÍSICA |
| | | EMPREGOS E SALÁRIOS |
| ASSESSORIA DE IMPRENSA | CONSTITUINTE | EMPRESA |
| | CONTO | ENERGIA NUCLEAR |
| ASTROLOGIA | CONTRACEPÇÃO | ENFERMAGEM |
| ASTRONOMIA | CONTRACULTURA | ENGENHARIA FLORESTAL |
| ATOR | COOPERATIVISMO | ESCOLHA PROFISSIONAL |
| AUTONOMIA OPERÁRIA | CORPO | ESCRITA FEMININA |
| AVENTURA | CORPOLATRIA | ESPERANTO |
| BARALHO | CRIANÇA | ESPIRITISMO |
| BELEZA | CRIME | ESPIRITISMO 2ª VISÃO |
| BENZEÇÃO | CULTURA | ESPORTE |
| BIBLIOTECA | CULTURA POPULAR | ESTATÍSTICA |
| BIOÉTICA | DARWINISMO | ESTRUTURA SINDICAL |
| BOLSA DE VALORES | DEFESA DO CONSUMIDOR | ÉTICA |
| BRINQUEDO | | ETNOCENTRISMO |

# Coleção Primeiros Passos
## Uma Enciclopédia Crítica

| | | |
|---|---|---|
| EXISTENCIALISMO | MENTALIDADES | LOUCURA |
| FAMÍLIA | HOMEOPATIA | MAGIA |
| FANZINE | HOMOSSEXUALIDADE | MAIS-VALIA |
| FEMINISMO | IDEOLOGIA | MARKETING |
| FICÇÃO | IGREJA | MARKETING POLÍTICO |
| FICÇÃO CIENTÍFICA | IMAGINÁRIO | MARXISMO |
| FILATELIA | IMORALIDADE | MATERIALISMO |
| FILOSOFIA | IMPERIALISMO | DIALÉTICO |
| FILOSOFIA DA MENTE | INDÚSTRIA CULTURAL | MEDICINA ALTERNATIVA |
| FILOSOFIA MEDIEVAL | INFLAÇÃO | MEDICINA POPULAR |
| FÍSICA | INFORMÁTICA | MEDICINA PREVENTIVA |
| FMI | INFORMÁTICA 2ª VISÃO | MEIO AMBIENTE |
| FOLCLORE | INTELECTUAIS | MENOR |
| FOME | INTELIGÊNCIA ARTIFICIAL | MÉTODO PAULO FREIRE |
| FOTOGRAFIA | IOGA | MITO |
| FUNCIONÁRIO PÚBLICO | ISLAMISMO | MORAL |
| FUTEBOL | JAZZ | MORTE |
| GEOGRAFIA | JORNALISMO | MULTINACIONAIS |
| GEOPOLÍTICA | JORNALISMO SINDICAL | MUSEU |
| GESTO MUSICAL | JUDAÍSMO | MÚSICA |
| GOLPE DE ESTADO | JUSTIÇA | MÚSICA BRASILEIRA |
| GRAFFITI | LAZER | MÚSICA SERTANEJA |
| GRAFOLOGIA | LEGALIZAÇÃO DAS | NATUREZA |
| GREVE | DROGAS | NAZISMO |
| GUERRA | LEITURA | NEGRITUDE |
| HABEAS CORPUS | LESBIANISMO | NEUROSE |
| HERÓI | LIBERDADE | NORDESTE BRASILEIRO |
| HIEROGLIFOS | LÍNGUA | OCEANOGRAFIA |
| HIPNOTISMO | LINGÜÍSTICA | ONG |
| HIST. EM QUADRINHOS | LITERATURA INFANTIL | OPINIÃO PÚBLICA |
| HISTÓRIA | LITERATURA POPULAR | ORIENTAÇÃO SEXUAL |
| HISTÓRIA DA CIÊNCIA | LIVRO-REPORTAGEM | PANTANAL |
| HISTÓRIA DAS | LIXO | PARLAMENTARISMO |

# Coleção Primeiros Passos
## Uma Enciclopédia Crítica

PARLAMENTARISMO MONÁRQUICO
PARTICIPAÇÃO
PARTICIPAÇÃO POLÍTICA
PEDAGOGIA
PENA DE MORTE
PÊNIS
PERIFERIA URBANA
PESSOAS DEFICIENTES
PODER
PODER LEGISLATIVO
PODER LOCAL
POLÍTICA
POLÍTICA CULTURAL
POLÍTICA EDUCACIONAL
POLÍTICA NUCLEAR
POLÍTICA SOCIAL
POLUIÇÃO QUÍMICA
PORNOGRAFIA
PÓS-MODERNO
POSITIVISMO
PREVENÇÃO DE DROGAS
PROGRAMAÇÃO
PROPAGANDA IDEOLÓGICA
PSICANÁLISE 2ª VISÃO
PSICODRAMA
PSICOLOGIA
PSICOLOGIA COMUNITÁRIA
PSICOLOGIA SOCIAL
PSICOTERAPIA
PSICOTERAPIA DE

FAMÍLIA
PSIQUIATRIA ALTERNATIVA
PUNK
QUESTÃO AGRÁRIA
QUESTÃO DA DÍVIDA EXTERNA
QUÍMICA
RACISMO
RÁDIO EM ONDAS CURTAS
RADIOATIVIDADE
REALIDADE
RECESSÃO
RECURSOS HUMANOS
REFORMA AGRÁRIA
RELAÇÕES INTERNACIONAIS
REMÉDIO
RETÓRICA
REVOLUÇÃO
ROBÓTICA
ROCK
ROMANCE POLICIAL
SEGURANÇA DO TRABALHO
SEMIÓTICA
SERVIÇO SOCIAL
SINDICALISMO
SOCIOBIOLOGIA
SOCIOLOGIA
SOCIOLOGIA DO ESPORTE

STRESS
SUBDESENVOLVIMENTO
SUICÍDIO
SUPERSTIÇÃO
TABU
TARÔ
TAYLORISMO
TEATRO NO
TEATRO
TEATRO INFANTIL
TECNOLOGIA
TELENOVELA
TEORIA
TOXICOMANIA
TRABALHO
TRADUÇÃO
TRÂNSITO
TRANSPORTE URBANO
TROTSKISMO
UMBANDA
UNIVERSIDADE
URBANISMO
UTOPIA
VELHICE
VEREADOR
VÍDEO
VIOLÊNCIA
VIOLÊNCIA CONTRA A MULHER
VIOLÊNCIA URBANA
XADREZ
ZEN
ZOOLOGIA